ELOU FLEURINE

Raviver la Flamme Spirituelle dans le Corps de Christ

Copyright © 2025 par Elou Fleurine **(MBA)**

Tous droits réservés. Aucune partie de cette publication ne peut être reproduite, distribuée ou transmise sous quelque forme ou par quelque moyen que ce soit, y compris la photocopie, l'enregistrement ou d'autres méthodes électroniques ou mécaniques, sans l'autorisation écrite préalable de l'auteur, sauf dans le cas de brèves citations incorporées dans des critiques et de certaines autres utilisations non commerciales autorisées par la loi sur les droits d'auteur. L'autorisation sera accordée sur demande.

Toutes les citations bibliques du livre sont tirées de la nouvelle version King James de la Bible. Les citations bibliques marquées KJV sont tirées de la version King James de la Sainte Bible. D'autres citations sont tirées d'autres traductions et mentionnées à chaque fois. Toutes les citations grecques et hébraïques sont tirées du Strong Bible Dictionary.

Raviver la Flamme Spirituelle dans le Corps de Christ
1ère Édition Août 2025

King Jesus Universal Ministry
Pour Information contactez:
Kingjesusuni@gmail.com
http://www.kingjesush.org

Conception du livre JR DESIGNS GROUP FRANCE
ISBN : 978-1-962929-50-9

Table des matières

Preface	iv
Introduction	1
Chapitre 1 : Comprendre le Baptême de Feu	5
Chapitre 2 : Fondements bibliques du feu divin	12
Chapitre 3 : La Flamme Dormante – Diagnostiquer la Tiédeur...	22
Chapitre 4 : Les Barrières au Feu	40
Chapitre 5 : Le processus de ravivement	48
Chapitre 6 : Marcher dans le Feu – Les Disciplines...	58
Chapitre 7 : Maintenir le Feu à Travers les Épreuves	62
Chapitre 8 : Le But du Feu – Mission et Ministère	66
Chapitre 9 : Les signes d'une vie baptisée de feu	72
Chapitre 10 : Enflammer les autres – Transmettre la flamme	78
Chapitre 11 : Une Église en Feu	89
Conclusion	99
About the Author	102

Preface

L'Église de Jésus-Christ se trouve à la croisée des chemins. À une époque de progrès technologique et de prospérité matérielle, de nombreux croyants se retrouvent spirituellement froids, accomplissant les gestes de la foi sans la puissance transformatrice qui caractérisait autrefois la communauté chrétienne primitive. Ce livre est un appel clair à revenir au feu que Jésus a promis – un feu qui purifie, qui donne la puissance, et qui allume la passion pour le royaume de Dieu.

Ayant marché avec Dieu pendant plus de vingt ans dans le ministère pastoral, j'ai été témoin à la fois des effets dévastateurs de la tiédeur spirituelle et de la transformation incroyable qui se produit lorsque les croyants font l'expérience du baptême de feu. Ce livre est né d'un fardeau : **voir le Corps de Christ rallumé d'une passion et d'une puissance divines.**

Les pages qui suivent ne sont pas de simples réflexions théoriques, mais des chemins pratiques vers le renouveau spirituel. Elles sont le fruit de nombreuses années d'étude biblique, d'expérience pastorale et d'expériences personnelles avec le feu purificateur de Dieu. Ma prière est que, pendant que vous lirez ces mots, **le Saint-Esprit ravive la flamme de votre cœur** et allume un feu qui ne s'éteindra jamais.

Introduction

L'Appel au Feu Spirituel

« Moi, je vous baptise d'eau, en vue de la repentance ; mais celui qui vient après moi est plus puissant que moi, et je ne suis pas digne de lui enlever ses sandales. Lui, il vous baptisera du Saint-Esprit et de feu. » – Matthieu 3 :11

Les paroles de Jean-Baptiste résonnent à travers les siècles, portant une promesse capable de révolutionner nos vies spirituelles. Jésus-Christ, celui qui est plus puissant, nous offre un baptême hors du commun – un baptême du Saint-Esprit et de feu. Ce feu divin n'est pas qu'une simple métaphore ; il s'agit d'une réalité spirituelle qui transforme les cœurs, donne la puissance pour servir, et allume une passion pour les choses de Dieu.

Cependant, à l'examen du paysage chrétien contemporain, nous devons nous poser la question : **Où est ce feu ?** Pourquoi tant de croyants vivent-ils une vie vaincue, sans puissance ? Pourquoi nos églises ressemblent-elles souvent plus à des clubs sociaux qu'à des maisons de prière ? Pourquoi le feu qui jadis bouleversait le monde semble-t-il réduit à de simples braises dans tant de cœurs ?

La réponse ne réside pas dans un manque de volonté de Dieu à nous baptiser de feu, mais dans notre incapacité à comprendre, rechercher et entretenir cette flamme divine. Le feu de Dieu est aussi disponible aujourd'hui qu'au jour de la Pentecôte, mais il exige des cœurs préparés, affamés, et prêts à être consumés par Sa présence.

L'État Actuel de l'Église

En voyageant et en servant dans diverses églises, j'observe un schéma préoccupant. Beaucoup de croyants se contentent d'une forme de piété dépourvue de puissance. Ils connaissent les bonnes paroles, chantent les bons chants, accomplissent les bons rituels, mais leurs vies manquent du feu transformateur qui devrait caractériser chaque disciple de Christ. Cette tiédeur spirituelle se manifeste de plusieurs façons :

- **Un christianisme sans prière :** Les réunions de prière sont peu fréquentées. Les temps de prière personnels sont sporadiques au mieux. L'activité même qui nous connecte à la source de toute puissance est négligée.

- **Un témoignage sans puissance :** Malgré la Grande Commission, beaucoup de croyants partagent rarement leur foi. Et quand ils le font, cela manque souvent de conviction et de puissance, avec peu d'impact.

- **Une foi axée sur le confort :** Plutôt que de chercher la volonté et les desseins de Dieu, de nombreux croyants utilisent la foi pour atteindre le confort personnel et le succès.

- **Des communautés divisées :** Les églises se divisent sur des questions mineures, tandis que les véritables combats spirituels sont ignorés. L'unité pour laquelle Jésus a prié semble hors de portée.

- **Des compromis moraux :** La frontière entre l'Église et le monde devient de plus en plus floue, avec des croyants vivant selon les standards du monde plutôt que selon les principes bibliques.

Ces symptômes révèlent un problème plus profond : **l'absence du baptême de feu** dans la vie des croyants et dans nos rassemblements.

La Promesse de la Transformation

Cependant, ce livre n'est pas écrit dans le désespoir, mais dans

INTRODUCTION

l'espérance. Le même Dieu qui a soufflé sur les os desséchés dans la vision d'Ézéchiel est prêt à souffler sur Son Église aujourd'hui. Le même feu qui est tombé sur le mont Carmel, qui est descendu à la Pentecôte, et qui a allumé des réveils à travers l'histoire de l'Église est **disponible à tout croyant** qui le recherche de tout son cœur.

Le baptême de feu **n'est pas réservé à une élite spirituelle**, mais il est le droit de naissance de tout croyant né de nouveau. Ce n'est pas une expérience ponctuelle, mais un mode de vie continu, consistant à être rempli, rempli de nouveau, et consumé par la présence de Dieu.

Ce Que Ce Livre Apportera

Ce livre vous guidera vers une compréhension biblique du baptême de feu, et vous offrira des étapes concrètes pour expérimenter et entretenir cette flamme divine dans votre vie. Nous aborderons :

- Les fondements bibliques du feu divin
- Comment reconnaître la tiédeur spirituelle dans nos vies
- Les obstacles qui nous empêchent d'expérimenter le feu de Dieu
- Les étapes pratiques pour préparer notre cœur à être allumé par Dieu
- Comment entretenir le feu face aux épreuves et aux défis
- Le but et la mission d'une vie baptisée de feu
- Comment aider les autres à vivre cette même transformation

Chaque chapitre s'appuiera sur le précédent, formant une feuille de route complète vers le **renouveau spirituel**. L'objectif n'est pas seulement d'acquérir de la connaissance, mais de vivre une **véritable transformation** – de passer de la médiocrité spirituelle à un discipolat passionné.

Une Invitation Personnelle

Alors que vous commencez ce parcours, je veux vous adresser une invitation personnelle. Ne vous contentez pas de lire ces pages comme un exercice intellectuel. Laissez le Saint-Esprit sonder votre cœur, révéler les zones de sécheresse spirituelle, et raviver en vous une faim nouvelle pour Dieu.

Le feu de Dieu est à la fois merveilleux et redoutable, réconfortant et dévorant, doux et puissant. Il transformera chaque aspect de votre vie – vos relations, vos priorités, votre ministère, et votre destinée. **Êtes-vous prêt pour une telle transformation ?**

Le voyage commence par une prière simple :
« **Seigneur, baptise-moi de ton feu.** »

Chapitre 1 : Comprendre le Baptême de Feu

« Il vous baptisera du Saint-Esprit et de feu. » — Matthieu 3 :11

Pour entreprendre le chemin du renouveau spirituel, nous devons d'abord comprendre ce que signifie réellement le baptême de feu. Ce concept, introduit par Jean-Baptiste et accompli par Jésus-Christ, représente l'une des réalités spirituelles les plus puissantes offertes aux croyants. Pourtant, il s'agit également de l'une des doctrines les plus mal comprises du christianisme contemporain.

Le concept de « baptême de feu » a longtemps été une idée puissante et transformatrice dans la théologie chrétienne. Il représente une expérience spirituelle profonde qui va bien au-delà de l'acte physique du baptême d'eau, signifiant une immersion plus profonde dans la puissance et la présence du Saint-Esprit.

Pour saisir véritablement l'essence du baptême de feu, il nous faut d'abord explorer ses racines bibliques. Cette expression provient des paroles de Jean-Baptiste dans Matthieu 3 :11, où il déclare :

« Moi, je vous baptise d'eau, pour vous amener à la repentance ; mais celui qui vient après moi est plus puissant que moi, et je ne suis pas digne de porter ses sandales. Lui, il vous baptisera du Saint-Esprit et de feu. »

Cette déclaration prophétique désigne Jésus-Christ comme celui qui apporterait un baptême spirituel bien plus puissant que le baptême d'eau pratiqué par Jean. L'imagerie du feu est significative, symbolisant la purification, la passion et la puissance.

Le baptême de feu est souvent associé au jour de la Pentecôte, tel que décrit dans Actes 2 :1-4. Ce jour-là, les disciples furent remplis du Saint-Esprit, et des « langues de feu » se posèrent sur chacun d'eux. Cet événement marqua le début de l'Église chrétienne et démontra la puissance transformatrice du Saint-Esprit.

Mais que signifie le baptême de feu pour les croyants d'aujourd'hui ? Il représente un renouvellement radical de la foi, un réveil de la ferveur spirituelle, et une communion plus profonde avec Dieu. Ce n'est pas simplement une expérience émotionnelle, mais une rencontre profonde qui conduit à un changement durable et à un nouvel élan pour servir Christ.

Les éléments clés du baptême de feu comprennent :

1. **La purification :** Tout comme le feu affine les métaux précieux, le baptême de feu purifie les croyants, brûlant les impuretés et fortifiant la foi.
2. **La passion :** Il allume un zèle renouvelé pour Dieu et Ses desseins, inspirant les croyants à vivre leur foi avec enthousiasme.
3. **La puissance :** Le baptême de feu donne aux chrétiens la force de vivre pour Christ avec audace, équipés de dons spirituels pour le ministère et l'évangélisation.
4. **La présence :** Il intensifie la conscience de la présence de Dieu et renforce l'intimité avec Lui.

En approfondissant ce livre, nous explorerons comment se préparer à recevoir, expérimenter et vivre la réalité du baptême de feu dans nos vies et nos communautés. C'est un cheminement d'éveil spirituel qui peut transformer non seulement les croyants individuellement, mais aussi l'ensemble du Corps de Christ.

Dans les chapitres suivants, nous examinerons des exemples bibliques, partagerons des témoignages contemporains, et offrirons des conseils pratiques à ceux qui cherchent cette puissante expérience spirituelle. Notre objectif est de raviver la flamme spirituelle au sein de l'Église, déclenchant un réveil qui impactera notre monde pour Christ.

Souvenez-vous, le baptême de feu n'est pas un événement ponctuel, mais un processus continu de soumission à l'œuvre du Saint-Esprit dans nos vies. En nous ouvrant à ce feu divin, nous nous plaçons dans une position de croissance continue, de renouvellement, et d'efficacité dans notre marche chrétienne.

Définir le Baptême de Feu

Le mot grec pour baptême, *baptizo*, signifie immerger, plonger, ou submerger complètement. Lorsque Jean parlait de Jésus baptisant avec feu, il décrivait une immersion totale dans la nature divine et la puissance de Dieu. Ce n'est pas une expérience de surface ni un simple sentiment passager ; c'est une transformation complète qui touche tous les aspects de notre être.

Le feu, à travers les Écritures, symbolise plusieurs attributs divins :

- **Purification :** Le feu consume les impuretés, ne laissant que ce qui est pur et précieux. Spirituellement, le feu de Dieu purifie nos cœurs, nos motivations et nos désirs.
- **Puissance :** Le feu est une des forces naturelles les plus puissantes. Spirituellement, il représente la puissance illimitée de Dieu agissant à travers des vies soumises.
- **Présence :** Le feu éclaire les ténèbres et réchauffe le froid. Le feu de Dieu représente Sa présence manifeste dans nos vies et nos communautés.
- **Passion :** Le feu brûle avec intensité et ne peut être ignoré. Le baptême de feu allume un amour passionné pour Dieu et Ses desseins.
- **Jugement :** Le feu consume ce qui est inutile et affine ce qui a de la

valeur. Le feu de Dieu brûle le péché tout en renforçant la justice.

Parler du baptême de feu, c'est décrire une expérience spirituelle où la présence de Dieu submerge notre vie, purifie notre cœur, nous donne la puissance de Le servir, et enflamme notre dévotion envers Lui.

Les Précédents Bibliques
Le feu divin traverse toute la Bible, de la Genèse à l'Apocalypse. Ces précédents nous aident à comprendre l'ampleur de la promesse de Jésus de baptiser de feu :

- **Moïse et le buisson ardent (Exode 3 :1-6)** : Le feu qui ne consumait pas le buisson symbolisait la présence sainte de Dieu et Son appel à Moïse. Ce feu transforma Moïse de berger en libérateur.
- **Le mont Sinaï (Exode 19 :16-18)** : Dieu descendit dans le feu, le tonnerre et le tremblement de terre, démontrant Sa sainteté et Son autorité.
- **Élie sur le mont Carmel (1 Rois 18 :36-39)** : Le feu tomba du ciel pour consumer l'offrande, prouvant la puissance du Dieu vivant et ramenant le cœur du peuple vers Lui.
- **La purification d'Ésaïe (Ésaïe 6 :6-7)** : Un charbon ardent toucha les lèvres du prophète, le purifiant et le préparant à son appel.
- **La Pentecôte (Actes 2 :1-4)** : Les langues de feu indiquaient l'effusion du Saint-Esprit et la naissance de l'Église.

Ces récits montrent que le feu de Dieu est bien réel, puissant, et transforme profondément ceux qui Le rencontrent.

Distinction entre le Baptême d'Eau et le Baptême de Feu
Jean-Baptiste a clairement distingué son baptême d'eau de celui que Jésus apporterait avec le Saint-Esprit et le feu. Cette distinction est

essentielle pour comprendre l'expérience chrétienne dans sa plénitude.

Le baptême d'eau représente :

- La repentance du péché
- La mort à l'ancienne vie
- La déclaration publique de foi
- Un premier nettoyage
- L'identification à la mort et résurrection de Christ

Le baptême de feu représente :

- L'équipement pour le service
- La purification du cœur et des motivations
- La dévotion passionnée envers Dieu
- Le déploiement des dons spirituels
- Un remplissage et un renouvellement continus

Le baptême d'eau est un événement ponctuel au début de la vie chrétienne. Le baptême de feu, quant à lui, est à la fois une expérience initiale et un style de vie renouvelé par l'Esprit.

Le Rôle du Saint-Esprit

Le baptême de feu ne peut être dissocié de la personne et de l'œuvre du Saint-Esprit. Jésus a promis qu'Il enverrait le Saint-Esprit comme Consolateur, Guide, et Aide. Le feu de Dieu n'est pas une force impersonnelle, mais la présence même du Saint-Esprit agissant en nous.

Les manifestations du feu de l'Esprit comprennent :

- **Conviction :** Il convainc du péché, de la justice et du jugement.
- **Illumination :** Il éclaire notre compréhension des Écritures.
- **Puissance :** Il nous rend capables de vivre saintement et de servir

efficacement.
- **Dons** : Il libère des dons spirituels pour le ministère.
- **Intercession** : Il allume une prière fervente et une intercession profonde.

Idées Fausses Courantes

1. **C'est seulement pour des personnes spéciales** : Faux. Chaque croyant y a accès.
2. **C'est une expérience unique** : Non, il s'agit d'un processus continu.
3. **C'est purement émotionnel** : Ce n'est pas qu'une affaire de sentiments, mais de transformation profonde.
4. **C'est automatique** : Il faut le rechercher activement.
5. **Cela garantit la perfection** : Non, mais cela donne la puissance pour vivre dans la victoire.

Les Fruits du Baptême de Feu

Ceux qui vivent réellement le baptême de feu présentent les signes suivants :

- Témérité dans l'évangélisation
- Passion pour la prière
- Amour pour la Parole de Dieu
- Vie de sainteté
- Compassion pour les autres
- Unité dans le Corps de Christ
- Attente des miracles

CHAPITRE 1 : COMPRENDRE LE BAPTÊME DE FEU

Se Préparer au Voyage

Comprendre le baptême de feu est la première étape. Les prochains chapitres fourniront des outils pratiques pour vivre et entretenir cette flamme divine. Mais d'abord, posez-vous ces questions :

- Êtes-vous satisfait de votre niveau spirituel actuel ?
- Avez-vous faim de plus de Dieu ?
- Êtes-vous prêt à payer le prix de la transformation ?

Le baptême de feu n'est pas pour les croyants tièdes. Il est pour ceux qui désirent une rencontre authentique avec Dieu, prêts à être consumés par Son amour et à devenir des porteurs de Sa puissance dans un monde en besoin.

Le feu de Dieu est disponible. La question est : êtes-vous prêt à être baptisé de feu ?

Chapitre 2 : Fondements bibliques du feu divin

« Car notre Dieu est aussi un feu dévorant. » — Hébreux 12 :29

Pour comprendre pleinement et expérimenter le baptême de feu, nous devons établir des fondations bibliques solides. L'Écriture contient de nombreux récits sur le feu divin et sa puissance transformatrice. Ces précédents bibliques valident non seulement l'authenticité du baptême de feu, mais offrent aussi des modèles sur la manière dont Dieu agit par le feu aujourd'hui.

Le concept de feu divin est profondément enraciné dans la Bible, apparaissant tout au long de l'Ancien et du Nouveau Testament comme un symbole puissant de la présence, de la purification et de la puissance de Dieu. Dans ce chapitre, nous allons explorer les passages clés qui établissent les fondations pour comprendre le baptême de feu.

La nature du feu divin dans l'Écriture

Le feu divin dans la Bible est multifacette, représentant divers aspects du caractère de Dieu et de Ses interactions avec l'humanité :

- **Sainteté** : Le feu symbolise souvent la sainteté absolue de Dieu et l'effet purificateur qu'Il a sur ceux qui Le rencontrent (Ésaïe 6 :1-7).
- **Présence** : Du buisson ardent à la colonne de feu, le feu divin signifie

la présence tangible de Dieu parmi Son peuple (Exode 3 :2-4 ; 13 :21-22).
- **Puissance** : Le feu démontre l'autorité et la puissance irrésistibles de Dieu (1 Rois 18 :38-39).
- **Jugement** : Il représente aussi le jugement juste de Dieu contre le péché (Genèse 19 :24-25 ; Apocalypse 20 :14-15).
- **Purification** : La métaphore du feu du fondeur illustre l'œuvre de purification de Dieu dans la vie des croyants (Malachie 3 :2-3).

Références de l'Ancien Testament

Le buisson ardent (Exode 3 :1-6)
Dieu se révèle à Moïse par un buisson en feu qui ne se consume pas.

- Représente l'auto-révélation de Dieu et l'appel divin.
- Montre que Dieu peut manifester Sa présence sans détruire l'ordre naturel.

La colonne de feu (Exode 13 :21-22)
Pendant l'Exode, Dieu guida Son peuple avec une colonne de feu la nuit.

- Symbole de la **direction divine** et de la **protection surnaturelle**.
- Affirme la **présence constante** de Dieu au milieu de Son peuple.

Le Mont Sinaï (Exode 19 :18)
Lorsque Dieu descendit sur le mont Sinaï, la montagne fut enveloppée de fumée « parce que l'Éternel y était descendu dans le feu ».

Peu de récits de l'Ancien Testament illustrent aussi puissamment le feu divin que la confrontation entre **Élie et les prophètes de Baal**. Après que les faux prophètes aient échoué à invoquer le feu de leur dieu, la simple prière d'Élie entraîna une réponse immédiate :

- Le feu consuma le sacrifice
- Le feu consuma le bois et les pierres
- Le feu consuma l'eau dans le fossé
- Le feu manifesta la puissance de Dieu
- Le feu ramena le cœur du peuple vers Dieu

Ce récit établit des principes essentiels sur le feu divin :

- Il répond à la prière remplie de foi
- Il démontre la supériorité de Dieu sur les faux dieux
- Il a le pouvoir de transformer les cœurs
- Il apporte la gloire à Dieu seul
- Il met en lumière la nature redoutable de la présence de Dieu
- Il prépare le terrain pour la transmission de la Loi

Élie et les prophètes de Baal (1 Rois 18 :20-40)

Dieu manifesta sa puissance par le feu, en consumant le sacrifice trempé d'Élie.

- Cela prouve la suprématie de Dieu sur les faux dieux
- Cela démontre la puissance de la vraie foi

La vision d'Ésaïe (Ésaïe 6 :1-7)

Lorsque Ésaïe vit le Seigneur dans son temple, il fut accablé par sa propre impureté. Un séraphin prit une braise ardente de l'autel et toucha les lèvres d'Ésaïe, déclarant sa faute enlevée et son péché expié. Ce feu accomplissait :

CHAPITRE 2 : FONDEMENTS BIBLIQUES DU FEU DIVIN

- La conviction du péché
- Le nettoyage de la culpabilité
- La mission pour le service
- La préparation au ministère
- Il révèle le caractère purificateur de la présence de Dieu
- Il illustre la préparation nécessaire pour servir le divin

Références du Nouveau Testament

Le Nouveau Testament s'appuie sur les fondements de l'Ancien Testament tout en révélant de nouvelles dimensions du feu divin à travers la personne et l'œuvre de Jésus-Christ.

Jean-Baptiste introduit le concept de baptême de feu, le distinguant du baptême d'eau. Il prophétisa que Jésus baptiserait du Saint-Esprit et de feu, accomplissant à la fois la purification et l'autonomisation. Jean mentionna aussi le feu du jugement qui brûlerait la paille, indiquant la double fonction du feu : bénir les justes et juger les méchants.

a) La prophétie de Jean-Baptiste (Matthieu 3 :11-12, Luc 3 :16-17) :
Jean annonça que Jésus baptiserait du Saint-Esprit et de feu, introduisant ainsi le concept de baptême spirituel.

b) La Pentecôte (Actes 2 :1-4) :
Le Saint-Esprit descendit sur les disciples sous forme de « langues de feu », marquant la naissance de l'Église.

c) Le feu du fondeur (Malachie 3 :2-3, 1 Pierre 1 :7) :
Ces passages utilisent la métaphore du feu raffineur pour décrire l'œuvre purificatrice de Dieu dans la vie des croyants.

Significations symboliques du feu dans l'Écriture :

a) La présence de Dieu : Le feu représente souvent la présence manifeste de Dieu (Exode 19 :18, Actes 2 :3).

b) La purification : Le feu symbolise l'œuvre purifiante de Dieu (Ésaïe 6 :6-7, Zacharie 13 :9).

c) Le jugement : Le feu divin peut aussi représenter le jugement de Dieu (Genèse 19 :24, 2 Pierre 3 :7).

d) La passion et le zèle : Le feu illustre la ferveur et l'enthousiasme pour l'œuvre de Dieu (Jérémie 20 :9, Luc 24 :32).

Jésus et le feu :

Jésus déclara : « Je suis venu jeter un feu sur la terre ; et qu'ai-je à désirer, s'il est déjà allumé ! » Cette déclaration passionnée révèle le profond désir du Christ de voir le feu divin se répandre sur la terre. Il comprenait que sa mort et sa résurrection ouvriraient la voie à ce feu qui serait déversé sur toute chair.

Lors de la transfiguration devant Pierre, Jacques et Jean, son visage resplendit comme le soleil et ses vêtements devinrent blancs comme la lumière. Bien que ce ne soit pas explicitement appelé feu, cette radiance divine représente le même feu de gloire qui caractérisera les croyants pleinement transformés.

a) Luc 12 :49 : Jésus déclare : « Je suis venu jeter un feu sur la terre... »

b) Apocalypse 1 :14 : Dans la vision de Jean, les yeux de Jésus sont « comme une flamme de feu ».

CHAPITRE 2 : FONDEMENTS BIBLIQUES DU FEU DIVIN

Le Saint-Esprit et le feu :

Le jour de la Pentecôte marque l'accomplissement de la promesse de Jésus de baptiser du Saint-Esprit et de feu. Les langues de feu apparues au-dessus de chaque disciple étaient des manifestations visibles d'une réalité spirituelle invisible. Ce baptême de feu produisit :

- Une audace surnaturelle
- Une communication efficace au-delà des barrières linguistiques
- Une croissance immédiate de l'Église
- Une prédication puissante
- Des signes et des prodiges
- Une unité parmi les croyants

a) Actes 2 :3-4 : La venue du Saint-Esprit à la Pentecôte est marquée par « des langues de feu ».

b) Romains 12 :11 : Les croyants sont exhortés à conserver leur « ferveur spirituelle ».

Le processus de raffinement :

1 Corinthiens 3 :13-15 : Nos œuvres seront éprouvées par le feu.

1 Pierre 4 :12 : Les épreuves sont décrites comme une « épreuve de feu ».

Comprendre ces fondements bibliques est essentiel pour saisir la pleine signification du baptême de feu. Ce feu divin n'est pas simplement un concept du Nouveau Testament, mais il traverse toute la trame biblique. Il représente la présence de Dieu, son œuvre purificatrice, et la puissance qu'il accorde à son peuple.

Alors que nous poursuivons notre exploration du baptême de feu, nous verrons comment ces thèmes bibliques s'appliquent à notre vie actuelle.

Le même Dieu qui est apparu à Moïse dans le buisson ardent, qui a envoyé le feu du ciel pour Élie, et qui a rempli les disciples à la Pentecôte, désire allumer un feu saint dans le cœur des croyants d'aujourd'hui.

Le cœur brûlant de Paul (2 Corinthiens 11 :28-29) :

Paul décrivit la pression quotidienne liée à sa sollicitude pour toutes les églises et demanda : « Qui est faible, que je ne sois faible ? Qui vient à tomber, que je ne brûle ? » Cette ardeur intérieure représente le feu du souci pastoral et de la jalousie pieuse qui consume ceux qui sont baptisés du feu divin.

Le feu du fondeur (1 Corinthiens 3 :10-15) :

Paul utilisa la métaphore du feu pour éprouver les œuvres de chacun et en déterminer la qualité. L'or, l'argent et les pierres précieuses subsistent, tandis que le bois, le foin et la paille sont consumés. Cet enseignement révèle le but raffineur du feu dans la vie des croyants.

Dieu comme feu dévorant (Hébreux 12 :29) :

L'auteur de l'épître aux Hébreux déclare que « notre Dieu est un feu dévorant », soulignant que la nature même de Dieu inclut cet aspect ardent. Ce feu consume tout ce qui entrave notre relation avec lui, tout en préservant et fortifiant ce qui est précieux.

Significations symboliques du feu biblique :

Dans toute l'Écriture, le feu porte des significations symboliques cohérentes qui nous aident à comprendre le baptême de feu :

Purification :

Le feu élimine les impuretés des métaux précieux; le feu de Dieu élimine le péché et la mondanité du cœur des croyants.

Épreuve :
Le feu révèle la qualité des matériaux; le feu spirituel révèle l'authenticité de notre foi et de nos œuvres. Seul ce qui a une valeur éternelle subsiste.

Jugement :
Le feu consume ce qui est sans valeur; le feu de Dieu consume le péché, la rébellion, et tout ce qui s'oppose à son royaume.

Puissance :
Le feu fournit de l'énergie; le feu spirituel donne aux croyants la puissance nécessaire pour un service efficace et des réalisations surnaturelles.

Passion :
Le feu brûle avec intensité; le feu divin enflamme l'amour passionné pour Dieu, sa Parole, son peuple, et ses desseins.

Présence :
Le feu apporte lumière et chaleur; le feu de Dieu représente sa présence manifeste au milieu de son peuple.

Protection :
Le feu repousse les ennemis; le feu spirituel offre une protection divine contre les attaques spirituelles. Les croyants marchant dans le feu de Dieu sont entourés de sa puissance.

Modèles pour l'expérience moderne :

Les récits bibliques du feu divin établissent des modèles toujours pertinents pour les croyants d'aujourd'hui :

Le feu descend sur les cœurs préparés :
Les personnages bibliques qui ont expérimenté le feu divin étaient préparés par la prière, le jeûne, l'obéissance, et l'abandon. Le feu de Dieu

ne descend pas sur des cœurs non préparés.

Le feu suit la foi :
Le feu divin répond à une prière empreinte de foi et à une attente sincère. Ceux qui doutent ou s'approchent de Dieu avec désinvolture expérimentent rarement son feu.

Le feu apporte la transformation :
Chaque rencontre biblique avec le feu a produit une transformation : vies changées, buts renouvelés, efficacité accrue. Le baptême de feu n'est pas simplement une expérience, mais une transformation.

Le feu exige un entretien :
Le feu de l'autel dans le tabernacle devait brûler continuellement, nécessitant une attention constante. De même, le feu de Dieu en nous requiert une culture continue des disciplines spirituelles.

Le feu a un but :
Le feu biblique accomplit toujours des buts précis : purification, puissance, direction ou jugement. Le feu de Dieu dans nos vies a des buts définis avec lesquels nous devons coopérer.

Se préparer à une rencontre personnelle avec le feu :

À partir des modèles bibliques, plusieurs principes émergent pour ceux qui cherchent le baptême de feu :

Cultiver une faim sainte :
Chaque personne dans la Bible ayant reçu le feu divin avait une faim intense de Dieu. Cette faim ne peut être simulée, elle naît de la reconnaissance de notre besoin spirituel.

Embrasser la sainteté :
Le feu de Dieu est un feu saint. Ceux qui désirent porter sa présence doivent rechercher la sainteté en pensée, en parole et en action. Le péché éteint le feu de l'Esprit.

Développer une foi expectative :

CHAPITRE 2 : FONDEMENTS BIBLIQUES DU FEU DIVIN

Les rencontres bibliques avec le feu nécessitaient une foi qui s'attendait à une intervention divine. Le doute et l'incrédulité bloquent le feu.

Pratiquer l'abandon :
Le feu consume ce qu'il touche. Ceux qui recherchent le feu de Dieu doivent être prêts à être consumés—à voir leurs désirs, plans et ambitions transformés par les desseins divins.

Maintenir les disciplines spirituelles :
La prière, le jeûne, l'étude biblique et l'adoration créent les conditions propices à la venue du feu divin. Ces disciplines ne méritent pas le feu, mais nous y préparent.

Les fondements bibliques établissent clairement que le feu divin n'est pas un concept ancien, mais une réalité actuelle disponible pour chaque croyant. Le même Dieu qui est apparu dans le buisson ardent, qui a consumé le sacrifice d'Élie, et qui a rempli les disciples à la Pentecôte désire baptiser les croyants d'aujourd'hui de son feu.

Alors que nous progressons dans notre étude, ces fondements bibliques serviront de référence pour comprendre comment le feu de Dieu agit dans la vie des croyants modernes. Les principes établis dans l'Écriture demeurent inchangés, bien que les manifestations spécifiques puissent varier selon les desseins de Dieu et nos besoins.

Dans le prochain chapitre, nous verrons comment cette compréhension biblique du feu divin se traduit en expériences concrètes de renouveau spirituel et de puissance dans la vie des croyants contemporains.

Chapitre 3 : La Flamme Dormante – Diagnostiquer la Tiédeur Spirituelle

« Je connais tes œuvres. Je sais que tu n'es ni froid ni bouillant. Si seulement tu étais froid ou bouillant ! Ainsi, parce que tu es tiède, et que tu n'es ni froid ni bouillant, je vais te vomir de ma bouche. » – Apocalypse 3 :15-16

Avant de pouvoir expérimenter le baptême de feu, nous devons évaluer honnêtement notre condition spirituelle actuelle. L'église de Laodicée nous donne un exemple saisissant de croyants devenus spirituellement tièdes — une condition que Jésus trouve répugnante. Comprendre les symptômes, les causes et les conséquences de la tiédeur spirituelle est essentiel pour quiconque recherche un renouvellement spirituel authentique.

Ce chapitre explore la nature de l'apathie spirituelle, ses causes et la manière de la reconnaître dans nos vies.

CHAPITRE 3 : LA FLAMME DORMANTE – DIAGNOSTIQUER LA TIÉDEUR...

Comprendre la Tiédeur Spirituelle :

a) Référence biblique : Apocalypse 3 :15-16

« Je connais tes œuvres. Je sais que tu n'es ni froid ni bouillant. Si seulement tu étais froid ou bouillant ! Ainsi, parce que tu es tiède... »

b) Définition :

La tiédeur spirituelle est un état d'indifférence ou d'engagement à moitié envers Dieu. Elle se manifeste par un manque de passion, d'engagement et de vitalité spirituelle.

L'Église tiède fait référence à un corps de croyants — ou à un chrétien individuel — qui est indifférent spirituellement, complaisant, et sans véritable passion ni engagement envers Dieu. Il s'agit d'un état où la foi existe de nom, mais sans profondeur, sans zèle, ni obéissance totale.

Ils ne sont ni froids (hostiles à Dieu), ni bouillants (enflammés pour Dieu) — mais dans un état neutre et satisfait d'eux-mêmes, se croyant spirituellement en bonne santé alors qu'ils sont, en réalité, pauvres spirituellement.

Signes de la Tiédeur Spirituelle :

a) Manque d'enthousiasme dans l'adoration et la prière

Une baisse visible de passion, d'engagement et de joie lors des moments de louange et de prière, souvent caractérisée par des gestes mécaniques sans implication du cœur.

Ce manque est souvent le premier signe de la tiédeur spirituelle. Le reconnaître permet au croyant de prendre des mesures proactives pour raviver la ferveur dans sa relation avec Dieu — une étape clé pour expérimenter le Baptême de Feu, qui promet de restaurer la passion et la joie de la communion avec Dieu.

b) Étude biblique et méditation irrégulières

Une approche irrégulière et sporadique de l'étude des Écritures, caractérisée par un manque de profondeur, de constance et de réflexion intentionnelle sur la Parole de Dieu. L'exemple de Solis, un professionnel occupé et père de deux enfants, illustre une étude et une méditation biblique inconsistantes :

Lundi : Solis a l'intention de commencer un nouveau plan de lecture biblique, mais il est pris par ses e-mails professionnels. Mardi : Il lit une dévotion rapide sur l'application de son téléphone pendant son trajet, mais n'ouvre pas sa Bible. Mercredi : Se sentant coupable, Solis lit trois chapitres des Psaumes avant de se coucher, mais s'endort à mi-chemin. Jeudi : Pas de lecture biblique ; Solis se dit qu'il se rattrapera pendant le week-end. Vendredi : Solis écoute un podcast chrétien pendant son entraînement, considérant cela comme un substitut à l'étude biblique. Samedi : Occupé par des activités familiales, Solis oublie complètement la lecture biblique. Dimanche : À l'église, Solis réalise qu'il ne connaît pas le passage qui est prêché. Il se résout à être plus assidu, mais ne sait pas comment s'y prendre.

Ce schéma se répète semaine après semaine, laissant Solis se sentir déconnecté de la Parole de Dieu et incertain de la façon de briser ce cycle.

Une étude et une méditation biblique inconsistantes sont un indicateur clair de tiédeur spirituelle. En identifiant ce problème et en prenant des mesures intentionnelles pour établir un engagement régulier et significatif avec les Écritures, les croyants peuvent raviver leur passion pour la Parole de Dieu. Cet engagement renouvelé ouvre la voie à une expérience plus profonde du Baptême de Feu, qui promet d'enflammer une faim durable pour les Écritures et la sagesse de les appliquer dans la vie quotidienne.

c) Désir diminué de communion avec les autres croyants

Une baisse notable du désir de s'engager, de se connecter et de passer du temps avec d'autres chrétiens, souvent marquée par l'isolement, la diminution de la fréquentation des cultes et une faible participation aux activités communautaires.

d) Diminution de la sensibilité au péché

Une réduction de la conscience, de la conviction et de la repentance face au péché, souvent caractérisée par une normalisation ou une justification progressive de comportements auparavant reconnus comme contraires aux principes bibliques.

e) Complaisance dans la croissance spirituelle

Un état de contentement vis-à-vis de sa condition spirituelle actuelle, caractérisé par un manque d'intentionnalité, d'urgence et de recherche active d'une croissance continue en Christ.

f) Absence de faim et de soif spirituelles

L'absence d'un désir profond et insatiable d'une relation plus étroite avec Dieu se caractérise par une diminution du besoin de nourriture spirituelle, de révélation et de communion intime avec le divin. C'est un affaiblissement subtil du feu intérieur, souvent inaperçu jusqu'à ce que ses effets deviennent importants.

Prenons l'exemple d'une jeune femme qui était une chrétienne engagée depuis près de cinq ans, activement impliquée dans sa communauté ecclésiale. Au début de sa foi, elle était passionnée, passant régulièrement du temps dans la prière et l'étude de la Bible, et ouvrant sa maison pour la fraternité. Elle avait un profond désir de mieux connaître Dieu et de voir son œuvre dans sa vie.

Cependant, au fil du temps, sa ferveur spirituelle a commencé à s'estomper. Les exigences de sa carrière, de sa vie sociale et d'autres engagements ont progressivement évincé la priorité qu'elle accordait autrefois à l'entretien de sa relation avec le Seigneur. Au lieu d'anticiper avec impatience ses rencontres hebdomadaires de fraternité, elle les expédiait, souvent distraite et déconcentrée. Elle lui arrivait de sauter complètement son temps de prière, se justifiant en disant qu'elle était "trop occupée" ou "trop fatiguée".

Pendant les services de culte à l'église, elle voyait son esprit vagabonder, son attention s'éloignant des paroles et du message. Elle ne ressentait plus le même sentiment d'émerveillement et de révérence qui avait autrefois caractérisé son culte.

Lorsqu'un ami lui proposait de discuter d'un sujet théologique difficile ou de partager des sujets de prière, elle restait souvent silencieuse, préférant éviter les conversations spirituelles plus profondes. Elle se sentait de moins en moins intéressée à explorer les richesses de la Parole de Dieu ou à lutter avec les complexités de sa foi.

Au fil du temps, sa passion pour la croissance spirituelle a diminué au point qu'elle s'est sentie satisfaite de son niveau actuel de maturité spirituelle et a préféré regarder le service en ligne. Elle ne ressentait plus une soif profonde et dévorante de plus de Dieu, un désir qui l'avait autrefois poussée à le chercher de tout son cœur. En fin de compte, ce manque de feu spirituel a eu un impact significatif sur sa vie.

Cette absence de faim et de soif spirituelles était un signe évident d'un lien spirituel qui s'amenuisait. Elle a reconnu que sa relation avec Dieu était devenue stagnante, et elle savait qu'elle devait prendre des mesures pour raviver sa passion et son désir pour le Seigneur. Pourtant, l'inertie de sa complaisance lui rendait difficile de faire ce premier pas.

Son histoire nous rappelle avec force l'importance de maintenir un appétit spirituel vibrant et insatiable. Lorsque nous perdons notre faim et notre soif de Dieu, nous risquons de devenir spirituellement stagnants et inefficaces dans notre marche avec Lui. Un désir constant pour Dieu est essentiel pour vivre une vie embrasée de but et de passion.

g) Prioriser les Poursuites Mondaines au Dépens des Questions Spirituelles - Cela se réfère à un état où un individu accorde une importance et une attention plus grandes aux préoccupations et aux activités temporelles et terrestres qu'à la poursuite de la croissance spirituelle, de l'avancement du royaume et des questions éternelles.

Le Jeune Homme Riche : L'histoire du jeune homme riche dans Matthieu 19 :16-22 fournit un exemple poignant de quelqu'un qui a priorisé ses possessions mondaines au détriment de suivre Jésus. Malgré son observance religieuse extérieure, il n'était pas disposé à abandonner sa richesse et son statut, choisissant finalement le temporaire plutôt que l'éternel.

h) Absence de Zèle Évangélique - L'absence d'un désir fervent et centré sur Christ de partager l'Évangile et de voir les autres parvenir à une connaissance salvatrice de Jésus. Cela se caractérise par une urgence, une passion et une intentionnalité diminuées dans les efforts d'évangélisation.

La Parabole de la Brebis Perdue : Dans Luc 15 :3-7, Jésus raconte la parabole du berger qui quitte les quatre-vingt-dix-neuf brebis pour chercher celle qui est perdue. Cette illustration puissante souligne le cœur de Dieu pour le salut des perdus et l'urgence qui devrait caractériser les efforts d'évangélisation du croyant.

Causes de la Tiédeur Spirituelle :

- **Péché Non Résolu et Culpabilité**

Le péché non résolu et la culpabilité font référence à la présence d'un péché non confessé, non repenti ou non résolu dans la vie d'un croyant, ce qui conduit à un sentiment persistant de culpabilité, de honte et d'inconfort spirituel. Cette condition spirituelle se caractérise par l'incapacité à reconnaître pleinement, à affronter et à expérimenter le pardon et la restauration de Dieu concernant des péchés spécifiques ou des domaines de désobéissance.

« Si nous confessons nos péchés, il est fidèle et juste pour nous les pardonner et pour nous purifier de toute iniquité. » (1 Jean 1 :9) Ce verset souligne la promesse du pardon et de la restauration de Dieu pour ceux qui confessent leurs péchés, soulignant l'importance de traiter le péché non résolu et la culpabilité.

- **Blessures ou Déceptions Spirituelles**

Les blessures ou les déceptions spirituelles font référence à des cicatrices émotionnelles et psychologiques profondes qu'un croyant a vécues dans le contexte de son parcours spirituel, conduisant souvent à une diminution du sentiment de confiance, de sécurité et d'enthousiasme dans sa relation avec Dieu.

- **L'Agitation et les Distractions de la Vie**

L'agitation et les distractions de la vie font référence aux exigences, aux activités et aux préoccupations accablantes qui consomment le temps et l'attention d'un croyant, souvent au détriment de sa vitalité et de sa concentration spirituelles. Cette condition se caractérise par l'incapacité d'un croyant à maintenir un équilibre sain entre le temporel et l'éternel, conduisant à une négligence de sa relation avec Dieu et de sa croissance spirituelle.

Alcanta, une dirigeante dévouée dans le ministère, s'est retrouvée prise dans un tourbillon d'activités et de responsabilités. Elle travaillait de longues heures à son travail, a très bien commencé dans un comité, et était fortement impliquée dans les activités de l'église. Bien que les intentions d'Alcanta soient bonnes, elle s'est vite rendu compte que son emploi du temps était devenu accablant, lui laissant peu de temps pour la dévotion personnelle, la prière et une communion significative avec d'autres croyants.

La vie spirituelle d'Alcanta a commencé à en souffrir, car elle se sentait constamment fatiguée, stressée et déconnectée de Dieu. Elle avait du mal à maintenir un temps de calme régulier et se sentait souvent coupable de négliger sa relation avec le Seigneur et de servir le comité auquel elle avait été appelée. L'agitation d'Alcanta était devenue une distraction, l'empêchant de vivre la profondeur de l'intimité et de la croissance spirituelle qu'elle avait autrefois. Reconnaissant le besoin de changement, Alcanta a commencé à réévaluer ses priorités, à fixer des limites et à faire des efforts intentionnels pour créer plus de marge dans sa vie pour Dieu et la nourriture spirituelle.

- **Manque de Disciplines Spirituelles**

Le manque de disciplines spirituelles fait référence à l'absence ou à la négligence de pratiques spirituelles régulières qui sont essentielles à la croissance, au renouvellement et à l'intimité continus du croyant avec Dieu. Cette condition se caractérise par l'incapacité d'un croyant à s'engager de manière cohérente dans des activités telles que la prière, la lecture de la Bible, la méditation, le jeûne et d'autres disciplines spirituelles qui facilitent une relation vibrante avec Christ.

Le manque de disciplines spirituelles entrave la capacité du croyant à développer une relation personnelle et profonde avec Dieu, conduisant à un sentiment de distance spirituelle et de sécheresse.

- **Stagnation de la croissance spirituelle**

Sans la pratique cohérente des disciplines spirituelles, la maturité et la transformation spirituelles du croyant sont bloquées, l'empêchant d'atteindre son plein potentiel en Christ.

- **Dérive Graduelle de la Passion Initiale**

La dérive graduelle de la passion initiale fait référence au déclin lent et souvent inaperçu de l'enthousiasme, de l'engagement ou de la connexion émotionnelle à un objectif, à un but, à une relation ou à un appel qui vous a autrefois profondément inspiré ou motivé.

L'Église d'Éphèse (Apocalypse 2 :4) : « Mais ce que j'ai contre toi, c'est que tu as abandonné ton premier amour. »

Jésus loue l'église d'Éphèse pour son travail acharné et sa persévérance, mais il la réprimande pour avoir perdu son premier amour, sa passion initiale pour lui. Bien qu'elle fasse de « bonnes choses », son cœur n'était plus pleinement engagé. C'est une image classique de la façon dont le devoir peut remplacer la dévotion lorsque la passion s'éloigne.

Kemi était autrefois un chef de louange passionné dans son ministère. Il arrivait tôt pour la prière, cherchait Dieu avec ferveur et dirigeait avec une authenticité qui touchait les cœurs. Les gens pouvaient voir - et ressentir - qu'il adorait à partir d'un lieu profond. Mais au fil des ans, les choses ont changé.

Il a commencé à sélectionner des chansons en fonction des tendances, et non du discernement spirituel. La prière avant le service est devenue facultative - ou précipitée. Il a cessé de chercher Dieu pendant la semaine, ne se préparant que « le samedi soir ». Il avait toujours la voix, le talent et le rôle - mais l'onction s'était estompée, remplacée par la performance et la routine.

Les Dangers de Rester Tiède

Un chrétien tiède est partagé — il revendique la foi mais vit dans le compromis. Il :

- Assiste à l'église, mais résiste à la transformation (Jacques 1 :22).
- Prie occasionnellement, mais néglige la Parole de Dieu au quotidien (Osée 4 :6).
- Sert quand cela lui convient, mais évite le sacrifice (Luc 9 :23).

Exemple :

L'église de Laodicée (Apocalypse 3 :14-22) était riche matériellement, mais spirituellement pauvre. Jésus les a réprimandés pour avoir mis leur confiance dans les richesses tout en négligeant leur besoin de Lui.

a) Inefficacité dans le Témoignage Chrétien

L'inefficacité dans le témoignage chrétien fait référence à l'incapacité d'un croyant à refléter authentiquement Christ ou à impacter les autres pour le Royaume, à cause du compromis, de l'hypocrisie ou de l'apathie spirituelle.

Cela se manifeste par un décalage entre la foi professée et la vie pratique, rendant son témoignage sans puissance.

b) Vulnérabilité à la Tentation et aux Attaques Spirituelles

La vulnérabilité à la tentation et aux attaques spirituelles désigne un état spirituel affaibli qui rend un croyant plus susceptible de tomber dans le péché, d'être influencé par les forces démoniaques ou de sombrer dans le découragement.

Cela peut être causé par la fatigue, l'isolement, la désobéissance, l'orgueil ou un éloignement de Dieu.

Quand les défenses spirituelles sont basses, il est plus facile pour l'ennemi d'influencer les pensées, les décisions ou les émotions.

Cela se produit lorsque :

- On néglige la prière, les Écritures ou les relations d'encouragement.
- Des péchés non confessés ou des forteresses demeurent (Éphésiens 4 :27 ; Jacques 1 :14–15).
- L'épuisement émotionnel ou physique s'installe (1 Pierre 5 :8).

Exemple :
Lidia enseignait chaque mercredi la "Maison de Paix". Mais récem-

ment, le travail, le stress familial et le manque de temps pour sa dévotion l'ont détournée.

Elle se disait : « Je reprendrai quand tout sera plus calme. »
Les jours sont devenus des semaines.

Elle est devenue irritable, anxieuse, et s'est éloignée silencieusement de Dieu.

Une ancienne tentation est revenue — une relation toxique dont elle s'était éloignée.

Spirituellement déconnectée, elle est devenue vulnérable émotionnellement. Elle a cédé, se disant que ce n'était que du réconfort.

C'est ainsi que la tentation progresse : quand la vie spirituelle s'affaiblit, la résistance diminue.

c) Opportunités Manquées pour l'Impact du Royaume

Les opportunités manquées pour l'impact du Royaume sont les moments où un croyant n'agit pas, ne parle pas ou ne sert pas alors que Dieu ouvre une porte pour manifester Son amour ou accomplir Sa volonté.

Cela peut être dû à la peur, à la distraction, à la désobéissance ou à un manque de sensibilité spirituelle.

Dieu nous donne des occasions de tendre la main, d'aimer, de servir ou de témoigner — mais nous les ignorons, les reportons, ou les laissons passer.

d) Croissance et Maturité Spirituelles Ralentis

Une croissance spirituelle ralentie se produit lorsqu'un croyant ne progresse pas dans la foi, le caractère et la connaissance de Dieu à cause de la négligence, de la paresse spirituelle ou du refus d'accepter la correction.

C'est le manque de développement vers la ressemblance à Christ malgré l'exposition régulière à la vérité.

Exemple :

Une jeune femme du ministère a commencé avec enthousiasme — elle chantait dans l'équipe de louange et venait à l'église chaque dimanche.

Elle connaît les chants, les routines et peut citer des versets.

Mais lorsqu'elle est confrontée à des épreuves, elle réagit par la peur au lieu de la foi. Elle ne prie presque plus seule, ne sert plus, et se vexe facilement au point de quitter l'église.

Après des années à l'église, elle reste spirituellement immature. Pourquoi ?

Parce qu'elle n'applique pas la Parole, ne cherche pas la profondeur, et ne permet pas à Dieu de l'étirer.

Elle semble « plantée », mais **aucune croissance réelle** ne se produit.

e) Risque de Rétrogradation ou d'Abandon de la Foi

La rétrogradation désigne le retour progressif ou volontaire à une vie éloignée de la foi, de la communion avec Dieu et des pratiques spirituelles.

Cela commence souvent par la négligence de la prière, de la Parole ou de l'obéissance, menant à un affaiblissement de la relation avec Dieu — et parfois à un péché ouvert, au doute, ou à l'abandon total de la foi.

Le risque augmente avec la **complaisance spirituelle**, l'**isolement**, ou l'**influence du monde**.

Exemple :

Un mari était autrefois actif à l'église, fervent dans la prière et l'étude biblique. Mais après une période de déception et de prières sans réponse, il a arrêté d'assister aux cultes. Au début, il disait avoir besoin « d'une pause ». Rapidement, il a cessé de prier. Les anciennes habitudes sont revenues — amertume, commérages, pornographie. Il croyait encore en Dieu, mais ne marchait plus avec Lui. Son cœur s'est éloigné, et sans responsabilité ni carburant spirituel, **il a glissé en arrière**, retournant à une vie dont Dieu l'avait libéré.

Questions de Diagnostic Spirituel :

- Quand ai-je ressenti pour la dernière fois une vraie excitation pour ma foi ?
- Est-ce que j'ai hâte de passer du temps avec Dieu dans la prière et Sa Parole ?
- Comment mon don (temps, talents, ressources) pour l'œuvre de Dieu a-t-il changé récemment ?
- Est-ce que l'opinion de Dieu compte plus pour moi que celle des autres ?
- Est-ce que je partage régulièrement ma foi ?
- À quelle fréquence mes pensées se tournent-elles vers les choses spirituelles au cours de la journée ?

L'Illusion de la Vie dans une Église Tiède

Une église avec de la bonne musique, des événements, des programmes bien rodés... mais qui évite la repentance, esquive les vérités difficiles et ne pousse pas au discipulat profond, peut sembler vivante extérieurement — mais être tiède spirituellement.

Ses membres disent aimer Dieu, mais sans transformation, sans urgence ni abandon dans leur quotidien.

Impact sur le Culte et le Ministère

Quand une église devient tiède, cela affecte profondément l'atmosphère du culte et l'efficacité du ministère. Ce qui devait être une communauté vibrante et remplie de l'Esprit devient routinière, sèche, et sans puissance.

- Le culte manque d'authenticité et de soif de Dieu.
- Les chants sont chantés, les mains levées, mais les cœurs sont loin de Dieu (Ésaïe 29 :13).
- Il n'y a pas de véritable rencontre, ni abandon, ni transformation.

« Ce peuple m'honore des lèvres, mais son cœur est éloigné de moi. » – Matthieu 15 :8

Effets sur la Croissance de l'Église et son Impact Communautaire

Lorsque la passion décline, l'église :

- N'attire plus les nouveaux. Les visiteurs perçoivent l'absence de feu, de transformation, et d'authenticité.
- Perd ses membres. L'ennui, la frustration ou la recherche d'un environnement spirituellement vivant pousse à partir.
- Voit sa croissance ralentir ou décliner — moins de leaders, de bénévoles et de ressources.

L'église est appelée à être sel et lumière (Matthieu 5 :13-16) — un témoignage transformateur. Si elle devient tiède, elle perd l'essence même de sa mission.

Exemples Historiques de Réveils Spirituels

Voici un aperçu de réveils puissants qui ont confronté et renversé la tiédeur spirituelle à grande échelle :

a) Le Grand Réveil
Mouvement spirituel puissant qui a traversé les colonies américaines au XVIIIe siècle (1730s–1770s), marqué par :

- **Conversion personnelle :** Accent mis sur une relation authentique et personnelle avec Dieu, plutôt que sur des rituels religieux formels.
- **Réunions de réveil :** Rassemblements en plein air, prédications ferventes qui ont amené beaucoup à la repentance.
- **Impact social :** Montée de la liberté religieuse, naissance de dénominations comme les méthodistes et les baptistes.
- **Influence politique :** A inspiré des idées de liberté et d'égalité qui ont nourri la Révolution américaine.

b) Le Réveil du Pays de Galles (1904–1905)
Réveil puissant en Galles, marqué par :

- **Prière fervente :** Initié par des réunions de prière, avec des figures comme Evan Roberts.
- **Puissance du Saint-Esprit :** Emphase sur la sainteté, la repentance et la présence tangible de Dieu.
- **Transformation sociale :** Moins de criminalité, fermeture de pubs, renforcement de la vie familiale et ecclésiale.
- **Impact mondial :** Ce réveil a inspiré d'autres mouvements à travers le monde.

c) Le Réveil d'Azusa Street (1906)
Un réveil pentecôtiste historique à Los Angeles, dirigé par William

J. Seymour. Il est souvent considéré comme le berceau du mouvement pentecôtiste moderne.

- **Effusion du Saint-Esprit :** Manifestations de dons spirituels (parler en langues, guérisons, prophéties).
- **Intégration raciale :** Culte interethnique dans un contexte de ségrégation raciale.
- **Expansion mondiale :** A donné naissance à des millions de pentecôtistes et à de nombreuses dénominations.
- **Accent sur la puissance :** Importance du baptême du Saint-Esprit pour la vie chrétienne et le ministère.

Espoir pour les Cœurs Tièdes

Être tiède n'est pas une condamnation définitive, mais un **avertissement plein d'amour**. Avec une vraie repentance et un désir sincère de changement, **chaque croyant peut être restauré** et retrouver une foi passionnée.

Dans Apocalypse 3 :14–22, Jésus ne rejette pas Laodicée — Il frappe à la porte. Sa correction est un **appel à la restauration**, non à la condamnation.

Comment Passer de Tiède à Enflammé :

A. **Reconnaître son état**

- Laodicée se croyait riche, mais était spirituellement pauvre (Apocalypse 3 :17).

- **Prière** : « Seigneur, sonde-moi. Montre-moi où j'ai refroidi. » (Psaume 139 :23-24)

B. **Répondre à l'appel de Jésus**

- La repentance n'est pas une honte, mais un retour dans les bras du Père.
- **Action concrète** : Identifie un domaine de compromis (prière négligée, péché secret, orgueil…) et abandonne-le aujourd'hui.

C. **Rallumer ton premier amour**
« Souviens-toi donc d'où tu es tombé, repens-toi, et pratique tes premières œuvres. » – Apocalypse 2 :4-5
Moyens pratiques :

- Revenir à la lecture quotidienne des Écritures (Jérémie 15 :16)
- Retrouver une adoration authentique (Jean 4 :23-24)
- Se reconnecter à des croyants zélés (Hébreux 10 :24-25)

Prière de Renouvellement :

« Seigneur, je confesse la tiédeur de mon cœur. Pardonne-moi d'avoir accepté une foi tiède. Ravive Ton feu en moi. J'ouvre la porte — entre et transforme-moi. Au nom de Jésus. Amen. »

Conclusion :

Reconnaître la tiédeur spirituelle est la première étape vers le ravivement de la flamme d'une foi passionnée.

Lorsque nous diagnostiquons honnêtement notre état spirituel, nous nous ouvrons à l'œuvre transformatrice du Saint-Esprit. Le baptême de feu offre un puissant antidote à la tiédeur, promettant d'enflammer un zèle renouvelé et un engagement profond dans notre marche avec Dieu.

Dans le prochain chapitre, nous explorerons des étapes pratiques pour préparer nos cœurs au baptême de feu, ouvrant la voie à une rencontre profonde avec la présence renouvelante de Dieu.

Chapitre 4 : Les Barrières au Feu

« Mais celui qui boira de l'eau que je lui donnerai n'aura jamais soif ; et l'eau que je lui donnerai deviendra en lui une source d'eau jaillissant en vie éternelle. » — Jean 4 :14

La flamme de Dieu brûle éternellement, pourtant nous nous retrouvons souvent froids, distants et spirituellement stagnants. À l'image des Israélites qui ont fabriqué un veau d'or pendant que Moïse communiait avec le Tout-Puissant sur le mont Sinaï, nous érigeons aussi des barrières entre nous et le feu dévorant de la présence de Dieu. Ces obstacles, visibles ou invisibles, étouffent l'action de l'Esprit dans nos vies et diminuent la puissance transformatrice qui devrait caractériser chaque croyant.

Le Poids de la Tradition

Aucune barrière n'est peut-être aussi haute que la forteresse de la tradition morte. Jésus Lui-même l'a dénoncée en disant aux pharisiens : « Vous abandonnez le commandement de Dieu, et vous observez la tradition des hommes » (Marc 7 :8). Dans nos églises modernes, nous confondons souvent familiarité et fidélité, préservant les méthodes au lieu du message.

Prenons l'exemple de Géraldine, une fidèle membre de l'église depuis plus de six ans. Lorsqu'un nouveau leadership proposa un culte contemporain en parallèle au culte traditionnel, elle se sentit attaquée personnellement. « Ce n'est pas comme ça qu'on a toujours fait », protesta-t-elle. Sa résistance n'était pas théologique, mais fondée sur le confort de l'habitude. Les cantiques familiers, l'ordre établi du culte, les mêmes prières récitées chaque semaine étaient devenus sa sécurité spirituelle.

Mais Dieu ne se laisse pas enfermer par nos préférences. Le feu du réveil a souvent traversé les murs de la tradition. Le Grand Réveil ne s'est pas enraciné dans les structures religieuses établies, mais bien souvent en dépit d'elles. Lorsque nos traditions deviennent des idoles, nous érigeons des murs contre l'Esprit que nous prétendons servir.

Cela ne signifie pas rejeter toute tradition. L'Écriture elle-même est une tradition fondatrice. Il s'agit plutôt de discerner entre la tradition biblique qui fortifie la foi et la tradition humaine qui l'étouffe. Paul a incarné cet équilibre : « Ainsi donc, frères, tenez ferme et retenez les instructions que vous avez reçues » (2 Thessaloniciens 2 :15), tout en franchissant les barrières culturelles pour atteindre les païens.

Le Poison de l'Orgueil

L'orgueil prend de nombreuses formes dans l'Église : supériorité théologique, loyauté dénominationnelle, élitisme spirituel, justice personnelle. Il murmure des mensonges qui semblent presque bibliques : « Nous avons la vérité », « Notre voie est plus scripturaire », « Nous sommes plus engagés que ces croyants tièdes. » Cet orgueil spirituel crée des barrières non seulement entre les dénominations, mais surtout entre le croyant et sa dépendance de la grâce de Dieu.

Le pharisien dans la parabole de Jésus remerciait Dieu de ne pas être «comme les autres hommes : voleurs, injustes, adultères, ou même comme ce publicain» (Luc 18 :11). Son orgueil l'aveuglait sur sa pauvreté spirituelle et l'empêchait de recevoir la miséricorde que le publicain humble a obtenue. De même, lorsque nous nous croyons supérieurs spirituellement, nous nous fermons à l'humilité nécessaire au renouveau.

L'orgueil se manifeste aussi dans notre refus de reconnaître nos besoins de croissance. Les églises se divisent sur des doctrines secondaires pendant que des villes entières restent non atteintes. Les dénominations rivalisent pour des membres pendant que les communautés souffrent. Les croyants se disputent sur le style de louange pendant que leur vie de prière est anémique. Cette division, alimentée par l'orgueil, attriste le Saint-Esprit et éteint le feu de la transformation.

L'antidote à l'orgueil se trouve dans les paroles de Paul : «Ne faites rien par esprit de rivalité ou par gloriole, mais que l'humilité vous fasse regarder les autres comme étant au-dessus de vous-mêmes» (Philippiens 2 :3). Lorsque nous approchons les autres avec humilité, reconnaissant que nous avons tous besoin de grâce, les barrières tombent, et l'Esprit peut agir.

Le Désert du Confort

Peut-être la barrière la plus subtile est-elle celle du confort. Nous vivons à une époque d'aisance sans précédent, où même nos souffrances paraissent légères comparées aux persécutions endurées par les croyants d'autrefois. Ce confort, bien que non mauvais en soi, agit comme un narcotique spirituel qui nous endort dans la complaisance.

L'église de Laodicée illustre ce piège : «Tu dis : Je suis riche, je me suis enrichi, et je n'ai besoin de rien. Et tu ne sais pas que tu es malheureux, misérable, pauvre, aveugle et nu » (Apocalypse 3 :17). Leur prospérité matérielle avait engendré une pauvreté spirituelle. Ils confondaient réussite extérieure et vitalité intérieure.

Aujourd'hui, nous tombons dans le même piège. Nous assistons à des cultes confortables dans des bâtiments climatisés, entourés de gens qui pensent comme nous. Nous avons domestiqué l'Évangile, réduisant l'appel radical du discipulat à un rendez-vous religieux hebdomadaire. Pourtant, le feu de Dieu brûle le plus fort quand nous sortons de nos zones de confort.

Ce confort va au-delà du matériel : il touche nos zones de confort émotionnelles et spirituelles. Nous préférons des sermons qui nous rassurent à ceux qui nous reprennent, des prières qui apaisent à celles qui bousculent, une communion qui divertit à celle qui transforme. Or, dans toute la Bible, Dieu agit puissamment quand Son peuple est déstabilisé : les Israélites en esclavage, les disciples persécutés, l'Église primitive dispersée.

Briser la barrière du confort exige un inconfort intentionnel. Cela signifie affronter des passages bibliques difficiles, servir au-delà de nos compétences, prier non seulement pour des bénédictions mais pour une brisure qui ouvre la voie à la puissance divine.

Le Brouillard du Non-Pardon

Rien n'éteint le feu spirituel plus sûrement que le poison amer du non-pardon. Tel un monoxyde de carbone invisible mais mortel, il s'infiltre partout. Des conflits vieux de décennies persistent dans les églises, des croyants gardent rancune envers leur famille, des dénominations entretiennent des animosités historiques qui empêchent l'unité pour laquelle Christ a prié (Jean 17).

Le non-pardon agit à plusieurs niveaux. Sur le plan personnel, il coupe notre communion avec Dieu. Jésus a été clair : « Si vous ne pardonnez pas aux hommes, votre Père ne vous pardonnera pas non plus » (Matthieu 6 :15). Non que le pardon divin soit conditionnel, mais le non-pardon nous rend incapables de recevoir ce pardon.

Sur le plan collectif, il divise les croyants et affaiblit le témoignage de l'Église. Lorsque des églises se scindent à cause de personnalités, que des croyants se déchirent publiquement sur des sujets secondaires, le monde ne voit pas l'amour du Christ mais l'orgueil des hommes.

Le chemin du pardon commence par reconnaître sa présence. Parfois, nous avons tellement porté nos rancunes que nous ne sentons même plus leur poids. Comme un sac à dos devenu habituel, nous avons intégré l'amertume à notre quotidien. La liberté commence par admettre ce fardeau.

Pardonner ne signifie pas oublier, minimiser l'offense ou faire de nouveau confiance à l'offenseur. Cela veut dire renoncer à notre droit à la vengeance, prier pour ceux qui nous ont blessés, même si nos émotions s'y opposent. Ce choix, répété autant de fois que nécessaire, démolit les murs qui bloquent l'action de l'Esprit.

La Distraction de l'Activisme Religieux

La vie d'église moderne ressemble parfois à une roue de hamster religieuse : du mouvement constant, peu de progrès réel. Nous avons confondu activité et spiritualité, pensant que des agendas chargés sont signes de fidélité. Mais cette agitation empêche l'intimité nécessaire à la transformation.

Marthe illustre ce piège lorsqu'elle reproche à Marie de rester aux pieds de Jésus plutôt que de l'aider. Jésus répond : « Marthe, Marthe, tu t'inquiètes et tu t'agites pour beaucoup de choses. Une seule est nécessaire. Marie a choisi la bonne part, qui ne lui sera point ôtée » (Luc

10 :41-42).

Nos églises regorgent d'activités : réunions, événements, programmes, services. Utiles en soi, ces activités peuvent collectivement étouffer l'œuvre profonde du Saint-Esprit. On devient si occupé à travailler pour Dieu qu'on Le néglige Lui-même.

Cette barrière touche aussi bien les individus que les assemblées. Le temps personnel avec Dieu est sacrifié. Les familles courent de programme en programme sans réelle communion spirituelle. Les pasteurs deviennent des gestionnaires de programmes au lieu de bergers.

L'antidote, ce n'est pas l'inactivité, mais l'intentionnalité. Il faut dire non à de bonnes choses pour faire place aux meilleures. Il faut créer du vide dans nos agendas — des moments où l'Esprit peut parler. Il faut réévaluer nos engagements : non pas « Pouvons-nous le faire ? », mais « Devons-nous le faire ? »

Le Miroir de l'Autosuffisance

Aucune barrière n'est peut-être aussi enracinée dans notre culture que l'autosuffisance. L'indépendance, la performance et la réussite personnelle sont glorifiées. Or, ces valeurs deviennent des obstacles spirituels lorsqu'elles nous empêchent de dépendre de Dieu.

Dans le désert, Dieu a donné la manne avec l'instruction de ne pas en garder pour le lendemain. Ceux qui ont désobéi ont trouvé une manne pourrie (Exode 16 :20). Dieu voulait leur enseigner la dépendance quotidienne, mais leur réflexe était l'autonomie.

Aujourd'hui encore, beaucoup abordent leur vie spirituelle avec cette même autosuffisance : on va à l'église quand cela nous convient, on prie en cas de crise, on donne selon notre confort. On traite Dieu comme un distributeur automatique : bonnes actions en entrée, bénédictions en sortie. Cette foi transactionnelle empêche une vraie relation avec Dieu.

On commence souvent par planifier avant de prier. On consulte les experts humains avant de chercher la sagesse divine. On épuise nos forces avant de reconnaître notre besoin de secours. Pourtant Jésus a dit : « Sans moi, vous ne pouvez rien faire » (Jean 15 :5).

Briser cette barrière, c'est cultiver une dépendance volontaire. C'est commencer chaque jour par une prière de soumission : « Que veux-Tu faire à travers moi aujourd'hui ? » au lieu de « Que puis-je accomplir aujourd'hui ? »

Le Pont de la Brisure

Toutes ces barrières — tradition, orgueil, confort, non-pardon, activisme, autosuffisance — ont une solution commune : la brisure. Pas la brisure destructrice du péché, mais celle qui ouvre l'espace à la puissance de Dieu.

Le prophète Joël déclara : « Déchirez vos cœurs et non vos vêtements, et revenez à l'Éternel, votre Dieu. Car il est compatissant et miséricordieux » (Joël 2 :13). Cette brisure dépasse l'émotion : elle consiste à démolir les murs qui nous séparent du feu dévorant de Dieu.

Cela commence par une évaluation honnête. Comme le psalmiste, nous devons prier : « Sonde-moi, ô Dieu, et connais mon cœur ; éprouve-moi et connais mes pensées. Regarde si je suis sur une mauvaise voie » (Psaume 139 :23-24). Cette prière expose nos barrières pour que Dieu les brise.

La vraie brisure inclut aussi la confession collective. Les églises doivent reconnaître quand la tradition est devenue idole, quand l'orgueil a divisé, quand le confort a éteint la ferveur. Cette confession ouvre la porte à un renouveau profond.

CHAPITRE 4 : LES BARRIÈRES AU FEU

La Promesse au-delà des Barrières

La promesse de Dieu demeure : « Si mon peuple sur qui est invoqué mon nom s'humilie, prie, cherche ma face et se détourne de ses mauvaises voies, je l'exaucerai des cieux, je lui pardonnerai son péché, et je guérirai son pays » (2 Chroniques 7 :14). Le chemin du réveil spirituel passe par la destruction des barrières que nous avons érigées.

Lorsque ces murs tombent, le feu de Dieu trouve un nouveau combustible. Les cœurs froids s'embrasent à nouveau. Les églises vivent un réveil authentique, non une excitation fabriquée. Les communautés sont transformées de manière inexplicable sans Dieu.

Les barrières au feu sont réelles, mais non permanentes. Comme les murailles de Jéricho, elles peuvent tomber si le peuple de Dieu agit selon Ses instructions. La vraie question est : sommes-nous prêts à identifier et renverser ces barrières dans nos vies et nos églises ? Sommes-nous disposés à recevoir le feu dévorant qui nous attend de l'autre côté ?

La flamme de Dieu brûle encore, attendant des cœurs et des assemblées assez courageux pour enlever les barrières. Le choix nous appartient. Et le moment, c'est maintenant.

Chapitre 5 : Le processus de ravivement

Sous les cendres de la routine, les braises continuent de rougeoyer. Bien que les obstacles aient affaibli notre feu spirituel, ils ne l'ont pas entièrement éteint. Au plus profond de chaque croyant brûle la flamme indestructible de l'Esprit de Dieu—parfois à peine visible, souvent recouverte par les débris de la déception et de la distraction, mais jamais complètement éteinte. Le processus de raviver ce feu est à la fois un mystère divin et une réalité pratique, exigeant à la fois l'œuvre souveraine de Dieu et notre participation intentionnelle.

« C'est pourquoi je te rappelle de raviver le don de Dieu que tu as reçu par l'imposition de mes mains. Car ce n'est pas un esprit de timidité que Dieu nous a donné, mais un esprit de force, d'amour et de sagesse. » — **2 Timothée 1:6-7**

Comme un artisan habile ranimant des braises mourantes, le Saint-Esprit attend de souffler un feu nouveau dans les cœurs prêts à le recevoir. Mais le ravivement n'est pas un événement ponctuel ; c'est un processus—parfois doux, parfois dramatique, mais toujours transformateur. Comprendre ce processus nous permet de coopérer avec l'œuvre de l'Esprit plutôt que de lui résister, d'attiser les flammes plutôt que de les étouffer.

CHAPITRE 5 : LE PROCESSUS DE RAVIVEMENT

La préparation du cœur

Avant qu'un feu ne puisse être ravivé, le cœur doit être préparé. Dans le domaine spirituel, cette préparation commence par ce que les Puritains appelaient « *la préparation du cœur* »—un positionnement délibéré de notre âme pour recevoir un feu nouveau venant du ciel. Cette préparation n'est pas seulement un effort humain, mais une coopération divine-humaine où Dieu prépare des cœurs qui se soumettent volontiers à Son œuvre.

Le roi Josias a illustré cette préparation du cœur lors du renouveau spirituel de Juda : « *Avant et après lui, il n'y eut aucun roi comme lui qui se soit tourné vers l'Éternel de tout son cœur, de toute son âme et de toute sa force, en accord avec toute la loi de Moïse.* » (**2 Rois 23 :25**). Son retour sincère vers Dieu a précédé et permis les réformes radicales qui ont suivi.

La préparation du cœur commence par une évaluation honnête. Comme un propriétaire examinant une maison avant une rénovation, nous devons évaluer courageusement l'état actuel de notre vie spirituelle. Cela implique de poser des questions difficiles : *Quand ai-je ressenti une véritable faim spirituelle pour la dernière fois ? Quels aspects de ma vie échappent encore à la seigneurie de Christ ? Où me suis-je contenté d'une routine religieuse plutôt que d'une relation vivante ?*

Cette évaluation doit être baignée de grâce, non de condamnation. Le but n'est pas l'autoflagellation, mais la prise de conscience—reconnaître où nous en sommes pour comprendre où Dieu veut nous conduire. Le retour du fils prodigue a commencé lorsqu'il « *rentra en lui-même* » (**Luc 15 :17**), prenant conscience de sa condition sans sombrer dans le désespoir.

La préparation du cœur implique aussi de déblayer les débris accumulés. Tout comme une cheminée doit être nettoyée des vieilles cendres avant que de nouvelles bûches puissent brûler efficacement, nos cœurs doivent être libérés des encombrements spirituels qui entravent le feu nouveau. Cela inclut la confession des péchés connus, l'abandon des rancunes tenaces, le renoncement aux idoles chéries et l'abandon des attitudes d'autosuffisance qui ont entravé l'intimité avec Dieu.

Le prophète Osée a décrit cette préparation : « *Semez pour vous la justice, moissonnez la bonté, défrichez-vous un champ nouveau ! Il est temps de chercher l'Éternel, jusqu'à ce qu'Il vienne et répande sur vous la justice.* » (**Osée 10 :12**). Défricher un terrain inculte est un travail difficile, mais il prépare un sol où les graines du réveil peuvent prendre racine et s'épanouir.

La discipline de la recherche

Raviver le feu spirituel exige plus qu'une attente passive ; il nécessite une recherche active. Le mot hébreu *darash*, souvent traduit par « *chercher* », évoque une poursuite persistante, comme un détective suivant des indices ou un amoureux recherchant l'être aimé. Cette recherche n'est pas occasionnelle mais habituelle, pas superficielle mais désespérée.

Jérémie a proclamé la promesse de Dieu : « *Vous Me chercherez, et vous Me trouverez, si vous Me cherchez de tout votre cœur.* » (**Jérémie 29 :13**). Cette recherche sincère distingue la véritable faim spirituelle d'une simple performance religieuse. Elle va au-delà de demander à Dieu de bénir nos projets pour désirer ardemment Sa présence, quel qu'en soit le prix.

Daniel a incarné cette discipline de la recherche pendant la captivité d'Israël : « *Je tournai ma face vers le Seigneur Dieu, afin de recourir à la prière et aux supplications, en jeûnant et en prenant le sac et la cendre.* » (**Daniel 9 :3**). Sa recherche impliquait plusieurs dimensions : la prière, le jeûne et des expressions physiques de désespoir spirituel. Cette approche multidimensionnelle a créé un environnement où Dieu a pu révéler Ses desseins et Sa puissance.

La discipline de la recherche se manifeste différemment pour chaque croyant, mais certains éléments reviennent constamment dans les Écritures et l'histoire de l'Église. La prière prolongée—au-delà des requêtes brèves pour entrer dans une communion prolongée—en est le fondement. Cela inclut à la fois la prière individuelle et collective, les requêtes exprimées et le silence d'écoute.

Le jeûne accompagne souvent une recherche authentique, non comme un outil de manipulation pour attirer l'attention de Dieu, mais comme une expression physique de priorité spirituelle. Lorsque nous renonçons volontairement à des plaisirs légitimes pour nous concentrer sur Dieu, nous déclarons que notre faim pour Lui surpasse nos autres appétits. Cette déclaration, vécue concrètement, crée un espace où l'Esprit peut agir d'une manière que notre consommation constante empêcherait autrement.

La méditation des Écritures nourrit le cœur qui cherche. Contrairement à une lecture superficielle de la Bible, la méditation implique de ruminer lentement la Parole de Dieu jusqu'à ce que ses nutriments pénètrent notre sang spirituel. Le psalmiste a décrit ce processus : « *Mais qui trouve son plaisir dans la loi de l'Éternel, et qui la médite jour et nuit.* » (**Psaume 1:2**). Cette immersion constante dans les Écritures façonne un esprit de plus en plus aligné sur les pensées de Dieu et un cœur de plus en plus réceptif à Son feu.

La dynamique de la reddition

Au cœur du processus de ravivement se trouve la reddition—l'abandon volontaire du contrôle qui crée un espace pour l'œuvre souveraine de Dieu. Cette reddition n'est ni une résignation passive ni une autodestruction, mais une coopération active avec les desseins divins. Elle fait écho à la réponse de Marie à l'ange : « *Je suis la servante du Seigneur; qu'il m'advienne selon ta parole.* » (**Luc 1:38**).

La reddition commence par reconnaître que Dieu est le propriétaire de nos vies. Nous ne nous appartenons pas ; nous avons été rachetés à grand prix (**1 Corinthiens 6 :19-20**). Cette reconnaissance va au-delà d'un simple accord intellectuel pour avoir des implications pratiques. Si Dieu nous possède, alors Il a le droit d'orienter nos carrières, nos relations, nos ressources et nos rêves selon Ses desseins plutôt que nos préférences.

Cette reddition implique souvent de renoncer à des résultats précis que nous avons exigés de Dieu. Abraham l'a illustré lorsqu'il a levé le couteau sur Isaac, abandonnant son avenir promis à la volonté insondable de Dieu (**Genèse 22 :10**). Sa volonté de sacrifier ce qu'il aimait le plus a démontré la reddition totale qui ouvre la voie à l'intervention miraculeuse de Dieu.

Les croyants d'aujourd'hui font face à des défis similaires. Le cadre ambitieux doit abandonner ses aspirations professionnelles si elles entrent en conflit avec l'appel familial. Le ministre talentueux doit renoncer à son besoin d'ego qui entrave la collaboration avec d'autres leaders. Le parent dévoué doit abandonner ses instincts protecteurs qui empêcheraient ses enfants de répondre à l'appel de Dieu vers un service risqué. Chaque abandon crée un espace où le feu de Dieu peut brûler plus intensément.

La reddition implique aussi d'accepter la vulnérabilité. Nous nous protégeons naturellement de la déception, de la critique et de l'échec. Mais le feu spirituel brûle intensément dans les cœurs vulnérables qui préfèrent risquer d'être blessés plutôt que de rester en sécurité. Cette vulnérabilité permet aux autres de voir nos luttes, nos faiblesses et nos échecs—une transparence qui favorise une communauté authentique et démontre la réalité de la grâce de Dieu dans des personnes imparfaites.

Le paradoxe de la reddition est qu'elle conduit à une véritable liberté. Lorsque nous cessons de lutter contre les desseins de Dieu, nous découvrons que Sa volonté s'aligne avec nos aspirations les plus profondes. Les restrictions que nous redoutions deviennent une protection, et les sacrifices que nous craignions deviennent des portes vers une joie plus grande que nous n'aurions pu imaginer.

La patience du processus

Le ravivement spirituel se produit rarement instantanément. Tout comme un feu physique commence par des étincelles, grandit grâce au petit bois et finit par produire des flammes vives, le ravivement spirituel suit une progression similaire. Comprendre ce processus évite le découragement lorsque des résultats spectaculaires ne se manifestent pas immédiatement et nous aide à coopérer à chaque étape de l'œuvre de l'Esprit.

La première étape implique souvent des remous subtils—une insatisfaction croissante envers le statu quo spirituel, une faim grandissante pour une relation authentique avec Dieu ou une conviction silencieuse qu'il existe plus que ce que nous expérimentons actuellement. Ces remous peuvent sembler insignifiants, mais ils signalent l'œuvre préparatoire de l'Esprit dans nos cœurs.

Habacuc a vécu ce remous lorsqu'il s'est écrié : « *Jusqu'à quand, Éternel, crierai-je au secours sans que Tu entendes ?* » (**Habacuc 1 :2**). Sa plainte révélait une insatisfaction spirituelle qui l'a finalement conduit à une compréhension plus profonde du caractère et des desseins de Dieu. De même, nos premiers remous peuvent se manifester par une frustration spirituelle, mais cette frustration peut devenir le point de départ d'une recherche renouvelée.

La deuxième étape implique généralement une activité spirituelle accrue—une prière plus constante, une étude biblique plus profonde, un engagement renforcé dans la communauté chrétienne ou un service renouvelé. Cette activité est à la fois une réponse aux remous de l'Esprit et une préparation pour une œuvre plus grande. Comme souffler sur des braises, nos disciplines spirituelles fournissent l'oxygène qui aide à attiser le feu que l'Esprit construit.

Durant cette étape, les croyants vivent souvent des moments d'encouragement et de confusion. Des moments de présence divine claire alternent avec des périodes de silence apparent. Les vieilles habitudes résistent au changement tandis que de nouveaux appétits spirituels émergent. Cette tension est normale et nécessaire, reflétant la réalité que la transformation est un processus plutôt qu'un événement.

La troisième étape apporte des preuves plus visibles du ravivement— des priorités transformées, une sensibilité spirituelle accrue, un témoignage plus audacieux, une compassion plus profonde et une joie authentique indépendante des circonstances. Les autres remarquent des changements dans notre caractère, nos relations et nos réponses aux défis. Le feu qui s'est développé intérieurement commence à se manifester extérieurement.

Tout au long de ce processus, la patience reste essentielle. David a attendu des années entre son onction et son couronnement. Joseph a enduré des décennies entre ses rêves et leur accomplissement. Paul a passé trois ans en Arabie après sa rencontre sur le chemin de Damas avant de commencer ses voyages missionnaires. Le timing de Dieu diffère de notre urgence, mais Son timing est toujours parfait.

Cette patience ne signifie pas la passivité. Elle implique de persévérer dans les disciplines spirituelles tout en faisant confiance à la souveraineté de Dieu sur les résultats. Nous pouvons contrôler notre recherche, mais pas la réponse de Dieu. Nous pouvons préparer l'âtre, mais pas allumer la flamme. Nous pouvons déblayer les obstacles, mais pas produire les percées. Cet équilibre entre responsabilité humaine et souveraineté divine caractérise tout le processus de ravivement.

CHAPITRE 5 : LE PROCESSUS DE RAVIVEMENT

L'entretien de la flamme

Le ravivement n'est pas un événement ponctuel, mais un processus continu nécessitant un entretien constant. Tout comme un feu physique s'éteint sans combustible ni oxygène, le feu spirituel exige une attention et une alimentation régulières. Les disciplines qui ont initié le ravivement doivent le soutenir, même si elles évoluent avec l'approfondissement de notre relation avec Dieu.

L'engagement régulier avec les Écritures reste fondamental. Cependant, cet engagement peut passer d'une étude intensive à une méditation contemplative, d'une lecture systématique à une réflexion dévotionnelle. L'essentiel est de maintenir un contact constant avec la Parole de Dieu sous la forme qui alimente le mieux la flamme.

La prière continue d'être le moyen principal d'entretenir l'intimité avec Dieu. Les croyants ravivés trouvent souvent que leur vie de prière devient plus conversationnelle et moins formelle, plus axée sur la relation que sur les requêtes. Beaucoup découvrent la valeur du silence dans la prière, apprenant à écouter autant qu'à parler.

L'implication dans la communauté devient de plus en plus importante à mesure que les croyants ravivés reconnaissent leur besoin des autres et leur responsabilité d'encourager leurs frères et sœurs. Cependant, cette implication se concentre davantage sur des relations authentiques que sur des activités religieuses, plus sur l'encouragement mutuel que sur la participation à des programmes.

Le service offre un exutoire essentiel à l'amour produit par le ravivement. Sans expression, même un feu spirituel authentique peut devenir égocentrique et finir par s'affaiblir. Les croyants ravivés doivent trouver des moyens de répandre la vie qu'ils ont reçue, que ce soit par des rôles ministériels formels ou des actes informels d'amour et de service.

Peut-être plus important encore, maintenir le feu spirituel exige de le protéger des influences qui pourraient l'affaiblir ou l'éteindre.

Cela implique des choix judicieux concernant les divertissements, les relations, les priorités et les engagements. Toutes les influences ne sont pas intrinsèquement mauvaises, mais certaines nuisent à la vitalité spirituelle. Les croyants ravivés apprennent à évaluer leurs décisions en fonction de leur impact sur leur santé spirituelle plutôt que sur leurs préférences personnelles ou l'acceptabilité sociale.

L'effet domino

Un ravivement spirituel authentique ne reste jamais privé. Comme une pierre jetée dans une eau calme, il crée des ondes qui s'étendent bien au-delà du point d'impact initial. Des familles, des églises, des communautés et même des nations peuvent être transformées lorsque le feu de Dieu se propage de cœur en cœur à travers le processus mystérieux mais indéniable de la contagion spirituelle.

Le Grand Réveil illustre cet effet domino à grande échelle. Ce qui a commencé avec des croyants individuels expérimentant un renouveau spirituel a fini par transformer des communautés entières, influencer des mouvements politiques et façonner des valeurs culturelles pour des générations.

Cet effet domino opère à travers les relations. Des conjoints ravivés influencent leur partenaire, des parents ravivés impactent leurs enfants, des employés ravivés affectent l'atmosphère de leur lieu de travail, et des membres d'église ravivés encouragent leurs frères et sœurs. L'influence se propage non par des sermons ou de la persuasion, mais par la démonstration authentique d'une vie transformée.

Comprendre cet effet domino motive la persévérance durant le processus de ravivement. Notre condition spirituelle personnelle affecte non seulement notre propre relation avec Dieu, mais aussi notre influence sur tous ceux qui nous entourent. Inversement, notre stagnation spirituelle contribue au refroidissement de la température spirituelle des autres.

CHAPITRE 5 : LE PROCESSUS DE RAVIVEMENT

Nous ne sommes jamais de simples croyants privés, mais toujours des membres d'un corps interconnecté où la santé individuelle affecte la vitalité collective.

Le processus de ravivement a donc une signification à la fois personnelle et corporative. En nous soumettant à l'œuvre de l'Esprit dans nos cœurs, nous participons aux desseins plus larges de Dieu pour Son Église et Son monde. La flamme qu'Il allume en nous est destinée à se propager, illuminant les ténèbres partout où elle va et embrasant d'autres cœurs du feu de Son amour.

Le processus continue, et l'invitation reste ouverte. Allons-nous nous positionner pour recevoir un feu nouveau ? Persévérerons-nous à travers les étapes de la recherche, de la reddition et de l'attente ? Entretiendrons-nous la flamme une fois ravivée ? Le choix est nôtre, mais la puissance est à Lui. Et Il attend, même maintenant, de souffler un feu nouveau dans des cœurs préparés à brûler pour Sa gloire.

Chapitre 6 : Marcher dans le Feu - Les Disciplines Spirituelles Quotidiennes

Le baptême de feu n'est pas un événement ponctuel ; c'est un processus continu. Il s'agit de vivre une vie constamment alimentée par le Saint-Esprit, permettant à Son feu de nous purifier, nous fortifier et nous guider au quotidien. Ce chapitre explore les disciplines spirituelles essentielles qui entretiennent ce feu en nous, nous transformant de simples observateurs en participants actifs à l'œuvre de Dieu.

I. Le Combustible : La Prière Fidèle

- **Plus qu'une liste de requêtes** : La prière n'est pas une récitation de besoins, mais une communion intime avec Dieu, une conversation qui façonne nos cœurs et aligne notre volonté à la Sienne.
- **Trouver son rythme de prière** : Expérimentez différents styles (prière contemplative, intercession, prière des Écritures) pour découvrir ce qui vous parle le plus. Réservez un temps dédié chaque jour, même 15 minutes.
- **Prier sans cesse (1 Thessaloniciens 5 :17)** : Intégrez la prière dans vos activités quotidiennes. Transformez des tâches banales en occasions de dialogue avec Dieu. Priez pour ceux que vous croisez,

pour la sagesse dans vos décisions, pour la force face aux épreuves.
- **Tenir un journal** : Écrire vos prières, réflexions et révélations approfondit votre compréhension de la direction de Dieu et témoigne de Sa fidélité.

II. Attiser la Flamme : S'imprégner de la Parole

- **Au-delà de l'information, la transformation** : La Bible n'est pas un simple recueil d'histoires, mais la Parole vivante de Dieu, capable de renouveler nos cœurs et nos pensées.
- **Étude intentionnelle** : Ne vous contentez pas de lire ; étudiez. Utilisez des commentaires, des concordances et des Bibles d'étude pour approfondir.
- **Lecture méditative** : Attardez-vous sur un verset ou un passage, demandant à Dieu d'en révéler le sens et l'application pour votre vie.
- **Mémorisation** : Garder la Parole dans votre cœur (Psaume 119 :11) vous permet de la saisir dans les moments de tentation, de doute ou de besoin.
- **Application** : Le but n'est pas seulement de connaître les Écritures, mais de les vivre. Demandez-vous : *Comment ce passage me challenge-t-il à changer mes pensées, paroles ou actions ?*

III. Ranimer les Braises : Communion et Redevabilité

- **Le Corps de Christ n'est pas un solo** : Nous sommes faits pour la communauté. L'isolement éteint le feu ; la communion le ravive. Participez à une Maison de Prière.
- **Trouver votre tribu** : Rejoignez un groupe de maison, une étude biblique ou un partenaire de redevabilité qui vous encouragera, vous challengera et priera pour vous.
- **Authenticité et vulnérabilité** : Créez un espace sûr où vous pouvez

partager vos luttes sans crainte de jugement.
- **Servir ensemble** : Travailler main dans la main avec d'autres croyants dans le ministère attise la passion et renforce les liens fraternels.
- **Redevabilité** : Permettez à des amis de confiance de vous questionner sur vos points faibles (tentation, gestion du temps, mauvaises habitudes).

IV. Enlever les Cendres : Confession et Repentance

- **Le péché non confessé éteint le feu** : Il étouffe notre relation avec Dieu et limite notre efficacité.
- **Confession régulière** : Intégrez la confession à votre vie de prière, reconnaissant vos péchés et demandant pardon.
- **Se détourner (repentance)** : La repentance va au-delà d'un simple « pardon » ; c'est une décision active de rejeter le péché et de poursuivre la justice.
- **Demander pardon aux autres** : Lorsque nous blessons quelqu'un, cherchons à nous réconcilier et à réparer autant que possible.
- **Grâce et miséricorde** : Souvenez-vous que la grâce de Dieu est toujours disponible, même lorsque nous chutons. Ne laissez pas la honte vous éloigner de Lui.

V. Propager la Flamme : Témoignage et Service

- **Des épîtres vivantes** : Nos vies témoignent de la puissance de Dieu. Que vos actions parlent plus fort que vos paroles.
- **Partager votre histoire** : Soyez prêt à raconter comment Dieu a transformé votre vie.
- **Servir les autres** : Recherchez des occasions de servir dans votre communauté, votre église et votre travail.

- **La Grande Mission (Matthieu 28 :19-20)** : Obéissez à l'ordre de Jésus : faire des disciples de toutes les nations.
- **L'amour en action** : Manifestez l'amour de Dieu par des actes de bonté, de compassion et de générosité.

Marcher dans le feu est un engagement quotidien à cultiver une relation vibrante avec Dieu à travers des disciplines spirituelles constantes. C'est alimenter intentionnellement la flamme en nous, permettant au Saint-Esprit de nous transformer en instruments de Son amour, de Sa puissance et de Sa grâce. En adoptant ces disciplines, nous expérimenterons une intimité plus profonde avec Dieu, un but plus clair et un désir ardent de partager Son amour. Le feu ne brûlera pas seulement en nous—il se propagera à notre entourage, embrasant un réveil spirituel dans le Corps de Christ.

Chapitre 7 : Maintenir le Feu à Travers les Épreuves

La vie chrétienne n'est pas exempte de tempêtes. Jésus Lui-même nous a avertis : «*Vous aurez des tribulations dans ce monde*» (Jean 16 :33). Le test de notre foi ne réside pas dans l'absence d'épreuves, mais dans notre réponse à celles-ci. Ce chapitre explore comment garder le feu du Saint-Esprit ardent, même au cœur des saisons les plus sombres. Les épreuves sont inévitables, mais la défaite spirituelle ne l'est pas.

I. Comprendre le But des Épreuves

- **Plus qu'une punition** : Si certaines épreuves découlent de nos choix, beaucoup sont des occasions de croissance, d'affinement et de dépendance accrue envers Dieu.
- **L'épreuve qui purifie (1 Pierre 1 :6-7)** : Comme l'or passé au feu, notre foi est épurée et renforcée. Les épreuves révèlent nos faiblesses, nous poussant à dépendre de Sa grâce.
- **Developper la persévérance (Romains 5 :3-5)** : Les épreuves forgent l'endurance, le caractère et l'espérance. Elles nous apprennent à persévérer et à croire que Dieu nous conduira au-delà.
- **Un témoignage pour les autres** : Notre réponse aux épreuves peut

pointer les autres vers Christ. Une foi inébranlable au milieu de la souffrance interpelle.
- **La souveraineté de Dieu** : Même dans l'épreuve, Dieu reste aux commandes. Il a un dessein dans chaque situation, même incompréhensible sur le moment.

II. Stratégies pour Garder le Feu

- **S'accrocher aux promesses de Dieu** :
- Rappelez-vous Sa fidélité passée. Méditez sur Ses promesses et proclamez-les sur votre situation.
- Identifiez des versets clés (ex. Romains 8 :28, Ésaïe 41 :10, Psaume 23 :4).
- **Intensifier prière et étude biblique** :
- Fuyez vers Dieu, pas loin de Lui. Exprimez-Lui vos craintes et cherchez Sa paix.
- Puisez force et réconfort dans les Écritures. Trouvez des passages qui répondent à vos combats.
- **S'appuyer sur le Corps de Christ** :
- Rejetez l'isolement. Entourez-vous de frères et sœurs qui prient, écoutent et soutiennent.
- Soyez transparent. Permettez à d'autres de porter vos fardeaux (Galates 6 :2).
- **Pratiquer la gratitude** :
- Listez les bienfaits persistants malgré l'épreuve. Un cœur reconnaissant change de perspective.
- Tenez un journal de gratitude pour recentrer vos pensées sur la provision divine.
- **Renouveler son intelligence** :
- Surveillez vos pensées. Remplacez les idées négatives par des déclarations de foi.

- Confessez la vérité biblique sur votre situation, même si vos émotions la nient.
- Limitez l'exposition aux influences toxiques (négativité, médias anxiogènes, etc.).

III. Pièges à Éviter

- **L'amertume et le ressentiment** : Ils étouffent le feu du Saint-Esprit. Pardonnez et libérez ceux qui vous ont blessé.
- **L'apitoiement sur soi** : Se focaliser sur sa souffrance enfonce dans le désespoir. Tournez-vous vers les besoins des autres.
- **Le doute et l'incrédulité** : Les épreuves ébranlent, mais ne laissez pas l'incrédulité éteindre votre confiance en Dieu.
- **Négliger les disciplines spirituelles** : Continuez à prier, lire la Bible et fréquenter l'église, même quand tout semble vide.
- **Prendre des décisions hâtives** : Évitez les choix majeurs sous le coup de l'émotion. Cherchez la sagesse et attendez la direction divine.

IV. Ressortir Plus Fort

- **Une dépendance plus profonde envers Dieu** : Les épreuves nous révèlent nos limites et nous ancrent en Sa force.
- **Une compassion accrue** : Ayant souffert, nous devenons mieux équipés pour consoler (2 Corinthiens 1:4).
- **Une maturité spirituelle grandissante** : Les épreuves produisent en nous l'image de Christ.
- **Un témoignage puissant** : Votre histoire de victoire inspirera d'autres à tenir ferme.

Maintenir le feu dans l'épreuve est difficile, mais possible. En comprenant le dessein de Dieu, en appliquant ces stratégies et en évitant les pièges, nous ressortirons des tempêtes plus résilients, plus radieux et plus proches de Lui. Le feu du Saint-Esprit, loin de s'éteindre, brillera encore plus intensément—éclairant le chemin pour d'autres et glorifiant Dieu au cœur même de la souffrance.

Chapitre 8 : Le But du Feu – Mission et Ministère

L e baptême de feu n'est pas seulement une expérience personnelle ; c'est une mission. Le Saint-Esprit ne nous embrase pas pour notre propre plaisir, mais pour nous propulser dans l'action, pour nous équiper afin que nous soyons des témoins et des agents de transformation dans le monde. Ce chapitre explore comment le feu de l'Esprit alimente notre mission et notre ministère, nous donnant la puissance d'étendre le Royaume de Dieu et d'impacter des vies pour l'éternité.

I. Comprendre la Mission de Dieu (*Missio Dei*)

- **Plus que l'évangélisation :** Bien que le partage de l'Évangile soit une partie essentielle de la mission de Dieu, ce n'est pas toute l'histoire. La mission de Dieu englobe la restauration de toutes choses – spirituelles, sociales, économiques et environnementales.
- **Le Royaume de Dieu :** Jésus a proclamé le Royaume de Dieu, une réalité du règne et de la souveraineté de Dieu établis sur la terre comme au ciel. Nous sommes appelés à participer à l'extension de ce Royaume par nos paroles et nos actions.
- **L'amour en action :** La mission de Dieu est enracinée dans l'amour

– l'amour pour Dieu et pour notre prochain. Nous manifestons cet amour en répondant aux besoins des autres, en défendant la justice, et en œuvrant pour le bien commun.
- **Une approche holistique :** La mission de Dieu s'adresse à la personne dans son intégralité – corps, âme et esprit. Nous sommes appelés à répondre aux besoins physiques, émotionnels et spirituels des gens.
- **La Grande Mission (Matthieu 28 :19-20) et le Grand Commandement (Matthieu 22 :37-40) :** Ces deux mandats résument la mission de Dieu pour son peuple : faire des disciples et aimer Dieu ainsi que notre prochain.

II. La Puissance du Feu pour le Ministère

- **Les dons de l'Esprit (1 Corinthiens 12) :** Le Saint-Esprit nous équipe de dons spirituels pour remplir des rôles spécifiques dans le ministère. Ces dons ne sont pas pour notre propre bénéfice, mais pour l'édification du Corps de Christ et l'avancement du Royaume de Dieu.
- **Passion et objectif :** Le feu de l'Esprit allume en nous une passion pour une sphère particulière du ministère. Cette passion nourrit notre engagement et notre persévérance, nous permettant de surmonter les obstacles et d'avoir un impact durable.
- **Courage et assurance :** Le Saint-Esprit nous donne la force de proclamer la vérité avec assurance, même face à l'opposition. Il nous donne le courage de sortir de notre zone de confort et de prendre des risques pour l'Évangile.
- **Compassion et empathie :** Le feu de l'Esprit adoucit nos cœurs et nous rend sensibles à la souffrance des autres. Cette compassion nous pousse à agir en leur faveur et à apporter guérison et restauration.

- **Puissance surnaturelle** : Le Saint-Esprit nous donne la capacité de faire des miracles, de guérir les malades et de chasser les démons. Cette puissance surnaturelle confirme la vérité de l'Évangile et démontre la réalité du Royaume de Dieu.

III. Identifier Son Appel au Ministère

- **Discernement dans la prière** : Cherchez la direction de Dieu dans la prière, en lui demandant de révéler votre appel et votre but uniques.
- **Évaluation des dons spirituels** : Identifiez vos dons à travers des tests et des expérimentations. Demandez à d'autres de confirmer vos dons et de vous donner un retour sur vos forces et vos faiblesses.
- **Passions et intérêts** : Réfléchissez à vos passions, intérêts et expériences. Vers quoi êtes-vous naturellement attiré ? Quels problèmes souhaitez-vous résoudre ?
- **Besoins dans la communauté** : Observez les besoins autour de vous – dans votre communauté, votre église, votre lieu de travail. Où pouvez-vous faire une différence ?
- **Mentorat et accompagnement** : Recherchez les conseils de chrétiens mûrs qui peuvent vous apporter sagesse, encouragement et responsabilité.

IV. Diverses Expressions du Ministère

- **Au-delà de la chaire** : Le ministère ne se limite pas aux pasteurs et missionnaires. Chaque croyant est appelé à servir Dieu d'une manière ou d'une autre – que ce soit en enseignant, en dirigeant, en servant, en donnant, ou simplement en étant une présence aimante dans la vie des autres.

- **Opportunités quotidiennes :** Cherchez des occasions de servir dans votre vie de tous les jours – à la maison, au travail, dans votre voisinage.
- **Domaines spécifiques du ministère :** Envisagez de servir dans des domaines tels que :
- *Évangélisation* : Partager l'Évangile avec ceux qui ne l'ont pas encore entendu.
- *Discipulat* : Aider les nouveaux croyants à grandir dans la foi.
- *Ministères de miséricorde* : Servir les pauvres, les sans-abri, les marginalisés.
- *Enseignement* : Équiper les autres par la connaissance biblique et des compétences pratiques.
- *Leadership* : Guider et accompagner les autres.
- *Arts créatifs* : Utiliser vos talents artistiques pour glorifier Dieu.
- *Intercession* : Prier pour les besoins des autres.

Tabitha, responsable du programme d'aide communautaire dans notre ministère, n'a pas eu peur d'admettre qu'elle avait besoin de conseils. Malgré sa passion et son expérience, elle reconnaissait le poids de sa responsabilité et le risque d'épuisement. Plutôt que de compter uniquement sur ses propres forces, Tabitha a cherché de manière proactive le mentorat de sa mentor et des responsables de l'église.

Son sens de la redevabilité n'était pas une formalité ; il faisait partie intégrante de son style de leadership. Elle partageait ouvertement sa vision, ses défis et même ses doutes avec ses mentors, créant ainsi un espace sûr pour recevoir des retours honnêtes. Elle sollicitait activement leurs conseils sur les décisions stratégiques, la mise en œuvre des programmes et même sur son bien-être personnel.

Tabitha n'avait pas peur des critiques. Elle accueillait les critiques constructives, les utilisant pour affiner son approche et grandir en tant que leader. Elle demandait régulièrement l'avis de ses coéquipiers, s'assurant que des voix diverses soient entendues et valorisées. Elle comprenait que le véritable leadership ne consiste pas à tout savoir, mais à favoriser un environnement collaboratif et responsable. Grâce à son engagement envers la redevabilité, Tabitha a bâti une équipe qui faisait confiance à sa direction et se sentait valorisée pour contribuer pleinement à la mission auprès des sans-abri. Son programme a prospéré, non seulement à cause de son travail acharné, mais aussi grâce à la sagesse collective et à la responsabilité partagée qu'elle a cultivées. L'exemple de Tabitha démontre que le leadership responsable n'est pas un signe de faiblesse, mais une marque de force, de sagesse et d'un engagement sincère à servir efficacement les autres.

V. Maintenir Une Vie de Ministère

- **Prioriser les disciplines spirituelles :** Continuez à cultiver votre relation avec Dieu par la prière, l'étude des Écritures et la communion fraternelle.
- **Maintenir des limites saines :** Évitez l'épuisement en posant des limites claires et en prenant du temps pour vous reposer et vous ressourcer.
- **Chercher la redevabilité :** Entourez-vous d'amis de confiance qui peuvent vous encourager et vous tenir responsable.
- **Adopter l'apprentissage continu :** Continuez à développer vos connaissances et vos compétences par des formations et des opportunités d'apprentissage.
- **Célébrer les réussites :** Prenez le temps de célébrer les victoires et de rendre grâce à Dieu pour ses bénédictions.

Le feu du Saint-Esprit est destiné à allumer en nous une passion pour la mission de Dieu. En comprenant le cœur de Dieu pour le monde, en embrassant nos dons spirituels et en marchant par la foi, nous pouvons devenir de puissants agents de transformation, étendre son Royaume et impacter des vies pour l'éternité. Laissez le feu brûler en vous avec éclat, vous propulsant vers une vie de service, de sens, et d'impact durable. Le monde attend que l'Église se lève et accomplisse sa mission, sous la puissance du Saint-Esprit.

Chapitre 9 : Les signes d'une vie baptisée de feu

« Mais vous recevrez une puissance, le Saint-Esprit survenant sur vous, et vous serez mes témoins à Jérusalem, dans toute la Judée, dans la Samarie, et jusqu'aux extrémités de la terre. » — Actes 1 : 8

Le baptême de feu produit des changements indéniables dans la vie d'un croyant. Ces transformations ne sont pas seulement théoriques ou invisibles – elles se manifestent de façon concrète et observable, affectant chaque aspect de notre existence. Tout comme le feu physique produit chaleur, lumière et énergie, le feu spirituel génère des caractéristiques marquantes dans une vie totalement abandonnée à la puissance transformatrice de Dieu.

Comprendre ces signes remplit plusieurs objectifs : cela nous aide à évaluer notre propre condition spirituelle, à définir des objectifs dans notre marche avec Dieu, et à reconnaître les croyants baptisés de feu qui peuvent nous encadrer et nous encourager. Ces signes ne sont pas des trophées à exhiber, mais des preuves de la grâce de Dieu à l'œuvre dans des vies soumises.

Lorsque Jean-Baptiste annonçait que Jésus baptiserait du Saint-Esprit et de feu, il parlait d'une transformation si profonde qu'elle serait visible pour tous. Le baptême de feu n'est pas seulement une expérience émotionnelle ou une idée théologique – c'est une réalité spirituelle qui produit des fruits tangibles dans la vie du croyant. Comme le feu physique laisse des traces évidentes, le feu de Dieu marque ceux qu'il touche de manière distincte.

Le Feu de la Purification

Le signe le plus immédiat d'une vie baptisée de feu est un processus continu de purification, qui va bien au-delà de la simple modification du comportement. Ceux que Dieu a touchés par Son feu développent une intolérance spirituelle au péché – non pas simplement aux actions visibles, mais aux attitudes, relations, divertissements et habitudes qui étouffent l'âme.

Cette purification ne repose pas principalement sur l'effort humain ou l'obligation religieuse, mais sur l'œuvre intérieure du Saint-Esprit, qui crée en nous une nouvelle sensibilité à ce qui attriste le cœur de Dieu. Le croyant baptisé de feu ressent de l'inconfort face aux compromis, non à cause de pressions extérieures, mais parce que sa nouvelle nature rejette ce qui est contraire au caractère du Christ.

Ce processus est à la fois doux et profond, tel le feu d'un fondeur qui élimine les impuretés tout en préservant ce qui est précieux. Il se manifeste par une soif croissante de sainteté, une intolérance accrue à la tiédeur spirituelle et un profond désir d'être transformé à l'image de Christ dans tous les domaines de la vie.

Une Passion Dévorante pour la Présence de Dieu

Le signe peut-être le plus distinctif d'une vie baptisée de feu est une faim insatiable de la présence de Dieu. Tandis que certains se contentent de savoir des choses sur Dieu, ceux qui ont été touchés par Son feu veulent Le connaître personnellement. Ils sont attirés vers la prière non par devoir, mais par besoin vital, comme une personne qui étouffe cherche de l'air.

Cette passion se manifeste dans des temps de louange prolongés qui semblent trop courts, des réunions de prière qui dynamisent plutôt qu'elles n'épuisent, et une conscience constante de la présence de Dieu au sein des activités quotidiennes. Le croyant baptisé de feu prie en conduisant, adore en travaillant, et cherche la face de Dieu dans des moments que d'autres rempliraient de distractions.

Sa relation avec les Écritures devient une rencontre intime plutôt qu'une étude académique. La Bible n'est plus simplement une source d'information, mais une voix vivante de Dieu. Les passages familiers prennent soudain vie avec des révélations fraîches et des applications personnelles. La Parole devient vivante, active et transformatrice comme jamais auparavant.

Une Audace dans le Témoignage et le Ministère

Le feu produit lumière et chaleur, et le croyant baptisé de feu rayonne des deux. Une audace surnaturelle émerge, non fondée sur une confiance humaine, mais sur la certitude bouleversante de ce que Dieu a accompli dans sa vie. Il parle de Christ, non par obligation, mais parce qu'il est impossible de garder le silence.

Cette audace surprend souvent même ceux qui la vivent. Ceux qui redoutaient autrefois de parler de leur foi se retrouvent à orienter naturellement les conversations vers des sujets spirituels. Les opportunités de ministère se multiplient, et une nouvelle confiance leur permet de faire face à des situations qui, auparavant, les intimidaient.

Cette audace dépasse l'évangélisation : elle s'étend à tous les domaines du service chrétien. Ils acceptent des missions difficiles, prennent la parole là où d'autres se taisent, et prennent des risques spirituels qui

CHAPITRE 9 : LES SIGNES D'UNE VIE BAPTISÉE DE FEU

témoignent de leur foi en la fidélité et la puissance de Dieu.

Un Amour et une Compassion Surnaturels

Le feu de Dieu détruit les barrières entre les êtres humains et les remplace par un amour surnaturel qui vient du cœur même de Dieu. Le croyant baptisé de feu commence à aimer ceux qu'il trouvait autrefois insupportables, à faire preuve de compassion envers ceux qu'il jugeait, et à intercéder pour ceux qui l'ont blessé.

Cet amour n'est ni sentimental ni émotionnel – c'est l'amour sacrificiel et pratique du Christ, qui cherche le bien de l'autre, quel qu'en soit le prix. Il se manifeste par une plus grande générosité, une sensibilité accrue aux besoins d'autrui, et une disponibilité à investir du temps et de l'énergie dans des relations qui ne rapportent aucun bénéfice apparent.

La compassion s'exprime particulièrement envers les perdus et les brisés. Les croyants baptisés de feu adoptent le regard de Dieu pour ceux qui sont pris dans le péché, l'addiction, le désespoir ou les ténèbres. Ils voient ces personnes non comme des projets, mais comme des âmes éternelles pour lesquelles Christ est mort.

Un Discernement Spirituel Accru

Le feu de Dieu enlève l'engourdissement spirituel et le remplace par un discernement aiguisé qui dépasse la compréhension naturelle. Le croyant baptisé de feu développe une sensibilité accrue aux atmosphères spirituelles, la capacité de discerner la chair de l'Esprit dans les contextes de ministère, et une perception surnaturelle des véritables besoins spirituels.

Ce discernement les aide à naviguer les relations avec sagesse, à prendre des décisions avec assurance, et à exercer leur ministère avec efficacité. Ils perçoivent les luttes spirituelles bien avant qu'elles ne deviennent visibles, reconnaissent les contrefaçons spirituelles, et discernent la volonté de Dieu même dans des situations confuses.

Ce discernement s'accompagne aussi d'une appréciation profonde pour ce qui est authentique spirituellement, ainsi que d'une gêne face à la performance religieuse. Ils distinguent l'effort humain de la puissance divine, la manipulation émotionnelle des percées spirituelles, et les programmes impressionnants des ministères réellement féconds.

Une Fécondité Accrue dans l'Œuvre du Royaume

Tout comme le feu naturel accélère les réactions chimiques, le feu de Dieu augmente la fécondité spirituelle dans la vie du croyant. Leurs prières deviennent plus efficaces, leurs témoignages portent plus de fruit, leur service a plus d'impact, et leur leadership produit de véritables transformations.

Cette fécondité ne vient pas de l'effort humain, mais de l'onction divine. Les croyants baptisés de feu accomplissent souvent plus avec moins d'effort parce qu'ils coopèrent avec le Saint-Esprit au lieu de s'appuyer uniquement sur leurs capacités. Ils expérimentent une faveur surnaturelle, des rendez-vous divins et des provisions miraculeuses qui accélèrent leur efficacité.

Cette fécondité touche toutes les sphères de la vie : leurs familles sont bénies, leurs lieux de travail sont influencés, leurs communautés sont impactées, et leurs églises sont fortifiées par leur présence et leur engagement.

CHAPITRE 9 : LES SIGNES D'UNE VIE BAPTISÉE DE FEU

La Joie au Milieu des Épreuves

Le feu de Dieu produit une joie indépendante des circonstances, inébranlable face à l'opposition. Les croyants baptisés de feu découvrent une capacité surnaturelle à se réjouir dans l'épreuve, à garder la paix dans le chaos, et à exprimer leur gratitude même dans la souffrance.

Cette joie n'est pas un optimisme naïf ou un déni émotionnel, mais une conviction profonde que Dieu est aux commandes et fait concourir toutes choses à notre bien. Elle devient un puissant témoignage pour ceux qui ne comprennent pas comment on peut garder la paix et la joie alors que tout semble s'effondrer.

L'Appel à l'Examen

Ces signes ne sont pas des objectifs à atteindre par nos propres efforts, mais des preuves de l'œuvre divine résultant d'un véritable baptême de feu. Ils servent à la fois d'encouragement pour ceux qui les reconnaissent dans leur vie, et d'invitation pour ceux qui aspirent à vivre cette dimension plus profonde de la foi chrétienne.

La question que chaque croyant doit se poser n'est pas de savoir s'il peut fabriquer ces signes par sa propre détermination et discipline, mais s'il est prêt à se positionner pour que le feu de Dieu tombe sur sa vie. Sommes-nous assez affamés pour le rechercher, assez humbles pour le recevoir, et assez abandonnés pour laisser ce feu consumer tout ce qui n'est pas de Dieu ?

Le feu est disponible. Les signes sont indéniables. Le choix nous appartient.

Chapitre 10 : Enflammer les autres – Transmettre la flamme

« Et ce que tu as entendu de moi en présence de nombreux témoins, confie-le à des hommes fidèles, qui soient capables aussi d'en instruire d'autres. »— 2 Timothée 2 :2

La bougie vacillante qui brûle seule dans une vaste cathédrale peut suffire à éclairer une personne lisant à proximité, mais elle ne pourra jamais illuminer tout le sanctuaire. Pourtant, lorsque cette flamme solitaire allume une autre bougie, puis une autre encore, bientôt, la cathédrale entière s'embrase d'une lumière éclatante qui chasse chaque ombre. C'est la mathématique divine de la multiplication spirituelle— une flamme devient plusieurs, plusieurs deviennent des multitudes, jusqu'à ce que l'obscurité n'ait d'autre choix que de fuir.

La flamme spirituelle rallumée dans votre cœur n'est jamais destinée à demeurer une bénédiction privée. C'est un dépôt sacré, un feu saint qui porte en lui la responsabilité et le privilège d'enflammer les autres. La nature même du renouveau spirituel authentique exige l'expression, la multiplication et l'expansion. Une flamme qui ne se propage pas finit par s'éteindre, mais une flamme partagée avec intention devient une force irrésistible de transformation.

CHAPITRE 10 : ENFLAMMER LES AUTRES – TRANSMETTRE LA FLAMME

Le mandat de la multiplication

Jésus n'a jamais appelé ses disciples simplement à expérimenter la transformation—Il les a appelés à devenir des transformateurs. La Grande Commission ne consiste pas seulement à faire des convertis ; il s'agit de faire des disciples qui forment d'autres disciples. Ce principe divin de multiplication spirituelle est un fil d'or qui traverse tous les grands mouvements de Dieu dans l'histoire.

Quand John Wesley eut le cœur « étrangement réchauffé » à Aldersgate, il ne se retira pas dans un mysticisme privé. Au contraire, il passa le reste de sa vie à enflammer d'autres personnes avec la même flamme qui avait transformé son âme. Le réveil méthodiste qui suivit ne fut pas l'œuvre d'un seul homme, mais de milliers de croyants ordinaires qui attrapèrent le feu et le transmirent. Les réunions de classe, les sociétés de bande et la prédication en plein air devinrent tous des vecteurs de multiplication spirituelle qui finirent par transformer des nations entières.

L'apôtre Paul comprenait ce principe profondément. Sa stratégie ministérielle n'a jamais été de construire un empire personnel ou de rassembler des foules pour écouter sa prédication éloquente. Il se concentrait plutôt sur l'identification, la formation et l'envoi de fils et filles spirituels qui porteraient la flamme là où lui ne pourrait aller. Timothée, Tite, Silas, Luc, Barnabas, et d'innombrables croyants anonymes devinrent des torches vivantes portant la flamme de l'Évangile à travers l'Empire romain.

Ce même modèle doit caractériser notre approche du renouveau spirituel aujourd'hui. La flamme que Dieu a allumée dans votre cœur à travers la prière, l'adoration, l'Écriture et la consécration n'est pas un aboutissement—c'est le début d'une réaction en chaîne divine pouvant impacter des générations.

Le cœur d'un porteur de flamme

Avant de pouvoir enflammer efficacement les autres, nous devons comprendre ce que signifie porter la flamme avec intention et sagesse. Tous ceux qui vivent un renouveau spirituel ne deviennent pas automatiquement capables de transmettre cette flamme. Il y a des dispositions du cœur et des qualités de caractère qui distinguent ceux qui possèdent la flamme de ceux qui la multiplient réellement.

Un fardeau pour les autres

Le porteur de flamme ressent un saint mécontentement face à la condition spirituelle de ceux qui l'entourent. Ce n'est pas un esprit critique ou de jugement, mais une compassion bouleversée qui voit le potentiel de transformation en chaque personne rencontrée. Il ne peut rester indifférent en sachant que d'autres vivent dans les ténèbres spirituelles alors que la lumière du Christ pourrait illuminer leur chemin.

Ce fardeau se manifeste de différentes manières : certains sont appelés à pleurer en intercédant pour les perdus et les tièdes ; d'autres sont poussés à parler avec audace du renouveau spirituel ; d'autres encore expriment leur fardeau par des actes de service et d'amour qui ouvrent la voie à des conversations spirituelles. Quelle que soit l'expression, le fardeau pour les autres devient la force motrice de l'action constante.

Un cœur de serviteur

Les vrais porteurs de flamme comprennent que leur rôle n'est pas de devenir des célébrités spirituelles ni de construire leur propre réputation. Ils adoptent plutôt le cœur du serviteur, cherchant à voir les autres croître et réussir, même au-delà de leur propre maturité spirituelle. Ils se réjouissent quand leurs enfants spirituels les dépassent en foi, en dons et en efficacité.

Ce cœur de serviteur se manifeste par la patience envers ceux qui tardent à attraper la flamme, l'encouragement pour ceux qui luttent contre le doute ou le découragement, et la sagesse de savoir quand parler et quand se taire. Le porteur de flamme au cœur de serviteur crée un espace pour que les autres rencontrent Dieu directement, sans dépendre d'intermédiaires humains.

CHAPITRE 10 : ENFLAMMER LES AUTRES – TRANSMETTRE LA FLAMME

Une transparence authentique

Rien ne tue plus vite la multiplication spirituelle que les faux-semblants religieux ou l'orgueil spirituel. Ce n'est pas la perfection qui enflamme les cœurs—c'est l'authenticité. Les porteurs de flamme les plus efficaces sont ceux qui parlent honnêtement de leurs propres luttes, échecs et besoin constant de la grâce de Dieu, tout en témoignant de sa puissance transformatrice.

Cette transparence crée un environnement où les autres se sentent en sécurité pour être honnêtes à propos de leur propre état spirituel. Lorsqu'ils voient que même les « géants spirituels » font face au doute, à la tentation, et à la dépendance quotidienne envers Dieu, ils réalisent que le renouveau est aussi accessible pour eux.

L'art d'enflammer spirituellement

Allumer une flamme spirituelle chez les autres est à la fois un art et une science. Cela requiert la sensibilité au Saint-Esprit, combinée à la sagesse issue de la compréhension des manières dont Dieu agit habituellement dans les cœurs humains. Même si chaque cheminement spirituel est unique, il existe des principes éprouvés qui créent des environnements favorables à l'embrasement.

Créer la faim

Avant que quelqu'un puisse être enflammé, il doit d'abord reconnaître son besoin de feu. De nombreux croyants se sont tellement habitués à la froideur spirituelle qu'ils ne se rendent même plus compte de ce qu'ils manquent. Le porteur de flamme efficace apprend à susciter une sainte insatisfaction vis-à-vis de la médiocrité spirituelle.

Cela commence par un mode de vie qui interpelle. Lorsque votre joie est inébranlable malgré les circonstances, lorsque votre paix reste ferme au milieu du chaos, lorsque votre amour s'étend même aux personnes difficiles, lorsque votre foi agit avec puissance surnaturelle—les autres commencent à désirer ce que vous possédez.

Créer la faim, c'est aussi poser des questions percutantes qui poussent les gens à examiner honnêtement leur condition spirituelle :

« Quand avez-vous ressenti la présence de Dieu pour la dernière fois dans l'adoration ? »

« Que vous enseigne Dieu à travers Sa Parole en ce moment ? »

« Comment la prière change-t-elle votre regard sur la vie ? »

Ces questions, posées avec amour et sincérité, révèlent souvent un vide spirituel que la personne n'avait pas encore identifié.

Modéliser la vie

Les gens ne sont pas enflammés par des discours théologiques ou des appels émotionnels, mais par la transformation authentique qu'ils observent dans la vie réelle. Le porteur de flamme dispose de son propre témoignage de vie comme l'outil le plus puissant pour enflammer les autres.

Ce modèle se manifeste tant dans les moments extraordinaires que dans les plus ordinaires : la manière dont vous réagissez aux défis inattendus, comment vous traitez les personnes au service, comment vous gérez la pression financière, ce que vous dites de ceux qui vous ont blessé, comment vous utilisez votre temps et vos ressources. Ces démonstrations quotidiennes de la réalité spirituelle marquent souvent plus que n'importe quel sermon.

Ce témoignage doit être intentionnel sans devenir artificiel. Il s'agit de vivre sa vie ordinaire avec une conscience accrue que d'autres observent, apprennent et cherchent une réalité spirituelle tangible. Il faut être prêt à partager comment la foi guide vos décisions, comment la prière oriente vos choix, et comment l'Écriture façonne votre vision du monde.

Offrir des étapes concrètes

Beaucoup de personnes ressentent une faim spirituelle, sont inspirées par le témoignage de ceux qu'elles observent, mais ne savent toujours pas par où commencer. Le porteur de flamme efficace sait traduire les principes spirituels en étapes concrètes immédiatement applicables.

Cela peut impliquer :
- enseigner à établir une routine de prière significative,
- guider à travers une méthode d'étude biblique qui révèle la Parole,
- introduire aux disciplines spirituelles qui favorisent l'intimité avec Dieu,
- ou encore montrer comment reconnaître et suivre la direction du Saint-Esprit.

L'essentiel est d'offrir des actions précises et applicables, plutôt que des conseils spirituels vagues et génériques.

Les contextes propices à l'embrasement

Dieu fournit divers contextes et opportunités pour transmettre la flamme spirituelle. Le porteur de flamme avisé apprend à reconnaître et à maximiser ces rendez-vous divins, tout en créant des environnements intentionnels propices à l'embrasement.

Le discipulat en tête-à-tête

Peut-être le contexte le plus efficace pour l'embrasement spirituel est-il celui du discipulat personnel en tête-à-tête. Ce cadre permet une attention personnalisée, une vulnérabilité honnête et un accompagnement adapté aux besoins et aux questions spécifiques. Jésus lui-même a modélisé cette approche avec Pierre, Jean ou Marie de Béthanie, investissant du temps de qualité dans leur croissance spirituelle.

Le discipulat individuel exige un engagement mutuel. Le porteur de flamme s'engage à investir régulièrement du temps, de l'énergie et des ressources spirituelles. Le disciple s'engage à une participation honnête, à l'application fidèle des principes appris, et à la reproduction du processus en accompagnant à son tour d'autres personnes.

L'objectif n'est pas de créer une dépendance, mais d'offrir les soins intensifs nécessaires au début du cheminement spirituel. Comme un maître artisan formant son apprenti, le discipleur transfère progressivement la responsabilité, tout en restant disponible pour guider et encourager.

Les petits groupes

Les petits groupes offrent un contexte unique pour l'embrasement spirituel, en combinant l'intimité nécessaire à la vulnérabilité avec la dynamique d'encouragement mutuel entre pairs. Lorsqu'ils sont bien dirigés, les petits groupes deviennent des serres où la croissance spirituelle s'accélère et où la multiplication se produit naturellement.

Les groupes les plus efficaces maintiennent un équilibre entre l'étude biblique, la prière, la communion fraternelle et l'application concrète. Les membres partagent la Parole ensemble, expriment honnêtement leurs combats et leurs victoires, prient les uns pour les autres avec foi, et se rendent mutuellement responsables de leur croissance.

Ces groupes fournissent aussi un terreau naturel pour la formation de nouveaux leaders. À mesure que les membres grandissent, on peut leur confier la direction de discussions, l'animation de temps de prière, ou le mentorat de nouveaux venus.

Le discipulat familial

La cellule familiale représente sans doute le contexte le plus négligé pour l'embrasement spirituel dans l'Église contemporaine. Les parents et grands-parents ayant vécu un renouveau spirituel portent une responsabilité et une opportunité uniques de transmettre la flamme à la génération suivante au sein de leur propre foyer.

Le discipulat familial va bien au-delà des dévotions du soir ou des prières avant de dormir. Il s'agit de créer une culture familiale où les conversations spirituelles sont naturelles, où les décisions sont prises selon des principes bibliques, où la prière est le premier réflexe face aux défis, et où chaque membre de la famille est encouragé à entretenir une relation personnelle avec Dieu.

Cela exige une intentionnalité de la part des parents, qui doivent à la fois modéliser l'authenticité spirituelle et créer des occasions adaptées à l'âge pour que leurs enfants rencontrent Dieu. Il s'agit de temps de louange familiaux engageants, de discussions spirituelles autour de la table, et de projets de service vécus ensemble, incarnant une foi active.

Témoigner au travail et dans la communauté

Le porteur de flamme comprend que certaines des plus grandes opportunités d'embrasement spirituel se trouvent dans les contextes ordinaires du quotidien : le lieu de travail, le quartier, ou l'engagement communautaire. Ces cadres offrent des relations authentiques et des occasions naturelles de démontrer la transformation spirituelle.

Le témoignage au travail ne consiste pas à transformer chaque conversation en prédication ni à mettre mal à l'aise ses collègues par des efforts d'évangélisation déplacés. Il s'agit plutôt de vivre avec une telle intégrité, une telle excellence et une telle grâce que les autres sont poussés à demander la source de votre caractère et de votre perspective.

L'engagement communautaire permet de servir aux côtés de non-croyants, d'une manière qui manifeste concrètement l'amour du Christ. Que ce soit par le bénévolat, les associations de quartier ou la participation civique, le porteur de flamme cherche à être sel et lumière dans la société.

Surmonter les obstacles à l'embrasement

Même le porteur de flamme le plus passionné rencontrera des obstacles et des défis en cherchant à enflammer les autres. Comprendre ces barrières courantes et développer des stratégies pour les surmonter est essentiel pour une multiplication spirituelle durable.

L'obstacle de la peur

Beaucoup de croyants ayant vécu un renouveau spirituel personnel sont encore paralysés par la peur lorsqu'il s'agit de le partager avec d'autres. Ils craignent le rejet, la moquerie, ou se sentent insuffisants pour communiquer la vérité spirituelle efficacement.

L'antidote à la peur n'est pas l'élimination de tout trac, mais le développement d'un amour plus fort que la peur. Quand notre souci pour la condition spirituelle d'autrui dépasse notre souci pour notre confort ou notre réputation, nous trouvons le courage d'agir malgré la peur.

Surmonter la peur, c'est aussi commencer petit et bâtir sa confiance au fil d'expériences positives. Au lieu de viser à toucher des foules, commencez par une personne ouverte à la discussion spirituelle. Les succès dans les petits cercles donnent confiance pour les opportunités plus larges.

L'obstacle de l'impatience

L'embrasement spirituel prend rarement la vitesse qu'on souhaiterait. Le porteur de flamme doit apprendre à se synchroniser au rythme de Dieu plutôt que de forcer des résultats selon des calendriers humains. Cela nécessite une persévérance patiente qui continue à investir même sans résultats immédiats.

L'impatience mène souvent à la manipulation, à la pression, ou à l'abandon prématuré de relations qui auraient pu porter du fruit. Le porteur de flamme efficace apprend à semer des graines, à les arroser fidèlement, et à faire confiance à Dieu pour la croissance en son temps.

L'obstacle du découragement

Tous ceux qui rencontrent la flamme ne choisissent pas d'être enflammés. Certains montrent un intérêt initial mais ne s'engagent pas. D'autres résistent, voire rejettent le message du renouveau spirituel. Ces expériences peuvent décourager et pousser le porteur de flamme à se replier.

Surmonter le découragement exige de garder une perspective éternelle : notre responsabilité est d'être fidèles, pas nécessairement « efficaces ». C'est à Dieu que revient le résultat, et à chaque individu de répondre librement. Nous ne sommes que les messagers.

L'obstacle de l'orgueil

Le plus dangereux des obstacles pour le porteur de flamme est peut-être l'orgueil qui peut naître lorsque des personnes sont touchées positivement par son influence. Il devient alors facile de se croire responsable de ce que seul Dieu peut accomplir.

L'orgueil corrompt non seulement l'état spirituel du porteur de flamme, mais réduit aussi son efficacité. Les gens sont attirés par l'humilité et l'authenticité, non par l'arrogance ou l'auto-promotion. Dès que nous commençons à nous considérer comme la source du feu, plutôt que comme le canal par lequel Dieu agit, notre impact diminue considérablement.

L'effet de multiplication

Lorsque l'embrasement spirituel est mené avec sagesse, patience et dépendance envers le Saint-Esprit, il produit un effet de multiplication qui dépasse largement l'influence directe du porteur initial. Chaque personne enflammée devient à son tour un porteur potentiel, générant une expansion exponentielle du renouveau spirituel.

C'est cet effet de multiplication qui transforma un petit groupe de disciples en un mouvement ayant touché tout le monde connu de l'époque. C'est ce qui a nourri les grands réveils dans l'histoire de l'Église. C'est ce que Dieu souhaite encore aujourd'hui, à travers chaque croyant qui prend au sérieux son appel à transmettre la flamme.

La beauté de cette multiplication spirituelle, c'est qu'elle ne dépend pas de dons extraordinaires ou de ressources exceptionnelles. Elle dépend de personnes ordinaires, disponibles pour être utilisées par un Dieu extraordinaire. Lorsque nous nous rendons disponibles comme instruments d'embrasement, Dieu fournit la puissance, les opportunités et les résultats.

Un héritage de feu

La flamme qui brûle aujourd'hui dans votre cœur porte en elle le potentiel d'enflammer des multitudes au fil des générations. Chaque personne que vous influencez pour un renouveau spirituel peut en influencer des dizaines d'autres, qui en toucheront à leur tour des centaines. C'est ainsi qu'un réveil personnel devient un éveil collectif, et qu'un renouveau individuel devient une transformation culturelle.

Réfléchissez à l'héritage que vous souhaitez laisser. Serez-vous quelqu'un qui a gardé la flamme pour lui, en quête de bénédictions personnelles, ou quelqu'un qui a sacrifié son confort pour que d'autres puissent expérimenter le feu transformateur qui a changé votre vie ?

Ce choix se présente à vous chaque jour, dans chaque relation et interaction. Cette personne assise près de vous au travail, ce voisin découragé, ce membre de votre famille éloigné de la foi, cet ami en quête de sens—chacun représente une opportunité de transmettre la flamme.

La flamme que Dieu vous a confiée n'est pas destinée à être conservée, mais transmise. Dans l'économie du Royaume, la flamme s'intensifie quand elle est partagée, et s'affaiblit quand elle est retenue. L'acte même d'enflammer les autres ravive votre propre feu dans une intensité et une pureté nouvelles.

Que vous embrassiez le privilège sacré et la responsabilité solennelle d'être un porteur de flamme dans cette génération. Que vous viviez avec la conscience constante que quelqu'un vous observe, apprend, et pourrait bien être enflammé par la réalité du renouveau spirituel visible dans votre vie.

La flamme attend d'être transmise. L'obscurité attend d'être repoussée. D'autres attendent d'être enflammés. La question est simplement celle-ci : **Serez-vous fidèle pour transmettre la flamme ?**

« **La question est simplement celle-ci : Serez-vous fidèle pour transmettre la flamme ?** »

Chapitre 11 : Une Église en Feu

Alors que nous arrivons au terme de notre voyage à travers ces pages, nous nous tenons à une croisée des chemins, comme chaque génération de croyants avant nous : Allons-nous laisser la flamme spirituelle au sein du Corps de Christ s'éteindre en braises à peine rougeoyantes, ou allons-nous l'attiser jusqu'à ce qu'elle devienne un feu dévorant, capable de transformer non seulement nos cœurs, mais aussi d'embraser nos communautés et au-delà ?

Le chemin à suivre n'est ni simple ni confortable. Raviver la flamme spirituelle exige que nous dépassions les apparences superficielles du christianisme moderne pour plonger profondément dans la source authentique de la foi, celle qui a soutenu les croyants au fil des siècles de victoires et d'épreuves. Cela demande que nous confrontions la complaisance qui s'est déposée comme une poussière sur beaucoup de nos églises, l'adoration centrée sur le divertissement qui a remplacé la véritable rencontre avec le Divin, ainsi que l'accommodement culturel qui a dilué la puissance transformatrice de l'Évangile.

Pourtant, au cœur même de ces défis se cache une opportunité sans précédent. Nous vivons une époque où la faim spirituelle est palpable, où les âmes crient après un sens au-delà du succès matériel, où les cœurs aspirent à une communauté authentique et à un but que seul le Christ peut offrir. L'obscurité de notre temps constitue le cadre parfait pour que la lumière du Christ brille plus que jamais avec éclat.

La flamme spirituelle que nous cherchons à rallumer ne se résume pas à des expériences émotionnelles ou à un enthousiasme religieux — bien que ceux-ci puissent accompagner le chemin. Il s'agit plutôt de revenir à ce **discipulat radical** qui caractérisait l'Église primitive — une foi si transformatrice qu'elle a bouleversé l'Empire romain, non pas par des manœuvres politiques ou une influence culturelle, mais par la puissance brute de vies totalement abandonnées au Christ.

Ce réveil commence par chaque croyant qui choisit de renoncer au christianisme confortable de l'engagement occasionnel, pour embrasser la grâce coûteuse qui exige tout, tout en offrant infiniment plus en retour. Cela signifie redécouvrir les disciplines de la prière, du jeûne, de la méditation des Écritures et du culte communautaire non comme des devoirs religieux, mais comme des **lignes de vie vers le cœur de Dieu**. Il nous faut cultiver une intimité avec le Saint-Esprit, apprendre à reconnaître sa voix, suivre ses directions, et dépendre de sa puissance plutôt que de notre propre sagesse ou force.

Mais cette transformation individuelle, bien qu'essentielle, n'est que le commencement. La flamme spirituelle brûle avec le plus d'intensité lorsqu'elle se propage de cœur en cœur, de croyant en croyant, formant des **communautés de foi qui reflètent l'amour, l'unité et la puissance de la Trinité elle-même**. Cela implique de faire tomber les murs qui nous divisent — barrières confessionnelles, préjugés raciaux, distinctions économiques et incompréhensions générationnelles — pour redécouvrir notre unité profonde en Christ.

L'Église en feu est une Église qui ne cherche plus à se fondre harmonieusement dans la culture environnante, mais qui se tient comme une voix prophétique, appelant le monde à quelque chose de plus élevé, de

CHAPITRE 11 : UNE ÉGLISE EN FEU

plus profond, et de plus beau que les systèmes brisés qui promettent beaucoup mais n'apportent que le vide. C'est une Église qui manifeste le Royaume de Dieu non pas seulement par des paroles, mais par des actes radicaux d'amour, de justice, de miséricorde et de sacrifice, qui laissent les observateurs sans autre choix que de demander :

« **Qu'est-ce qui rend ces gens si différents ?** »

En tant que leaders dans le Corps de Christ, nous portons une responsabilité sacrée : celle de **modéliser cette flamme ravivée**. Nos prédications doivent brûler d'un feu divin, nos prières doivent porter le poids du ciel, nos vies doivent manifester les fruits d'une transformation authentique. Nous ne pouvons pas transmettre ce que nous ne possédons pas, ni conduire d'autres vers un feu que nous n'avons jamais approché.

L'appel à raviver la flamme spirituelle dans l'Église commence par laisser cette même flamme consumer entièrement nos propres cœurs.

Ce n'est pas un appel à retourner à une version idéalisée du christianisme d'antan, mais plutôt une invitation à **avancer vers la plénitude** de ce que Dieu désire pour Son Église dans ce moment crucial de l'histoire. Les défis auxquels nous faisons face — sécularisation, relativisme moral, apathie spirituelle et hostilité culturelle — ne sont pas des obstacles à craindre, mais des occasions pour l'Évangile de démontrer sa puissance pour sauver, guérir et transformer même les cœurs les plus endurcis et les systèmes les plus brisés.

La flamme ravivée se manifestera de façons différentes selon les contextes — dans certains endroits sous la forme d'un réveil doux, dans d'autres comme un **réveil révolutionnaire**. Certaines communautés connaîtront la restauration par une adoration renouvelée et un discipulat profond, tandis que d'autres verront leur feu s'attiser par une obéissance coûteuse face à la persécution.

Ce qui demeure constant, c'est la source de la flamme : l'amour inaltérable de Dieu, l'œuvre accomplie de Christ, et le ministère incessant du Saint-Esprit.

Nous nous tenons sur les épaules de nombreux saints qui ont entretenu la flamme à travers les âges sombres, la persécution et les bouleversements culturels. **À présent, la torche nous est confiée.** Les générations futures jugeront si nous avons été des intendants fidèles de ce dépôt sacré ou si nous avons laissé cette flamme vaciller et mourir sous notre surveillance.

Le choix nous appartient, et le moment est venu.

Allons-nous nous contenter d'églises simplement tièdes, ou allons-nous crier pour recevoir le feu dévorant de la présence de Dieu ?

Allons-nous nous satisfaire d'une routine religieuse, ou poursuivrons-nous la puissance imprévisible, sauvage et transformatrice d'un Évangile pleinement libéré ?

Allons-nous rester confortablement installés dans notre sous-culture chrétienne, ou allons-nous laisser l'amour du Christ nous pousser vers un monde perdu et mourant avec le seul message qui peut réellement sauver ?

La flamme spirituelle attend d'être ravivée.

L'Église est prête pour le réveil.

Le monde a désespérément besoin de ce que seul le Corps de Christ peut offrir.

Puissions-nous être trouvés fidèles à attiser cette flamme jusqu'à ce qu'elle devienne un brasier éclatant, illuminant les ténèbres, réchauffant les cœurs froids, et attirant tous les peuples vers l'amour irrésistible de Jésus-Christ.

Que l'Église soit de nouveau en feu.

Que la flamme spirituelle brille de mille feux.

Que cette génération soit celle qui a choisi l'obéissance coûteuse plutôt que le compromis confortable, le discipulat radical plutôt que le christianisme occasionnel, et le chemin étroit de la foi authentique plutôt que la voie large de l'accommodement culturel.

La flamme est entre nos mains. Qu'allons-nous en faire ?

CHAPITRE 11 : UNE ÉGLISE EN FEU

« Je suis venu jeter un feu sur la terre ; et qu'ai-je à désirer, s'il est déjà allumé ? » — Luc 12 :49
Qu'il en soit ainsi, Seigneur Jésus. Qu'il en soit ainsi.

Prière pour le Renouveau Spirituel

Père céleste,
Nous venons devant Ton trône de grâce, le cœur conscient de notre besoin désespéré de renouveau spirituel.
Nous confessons que nous avons laissé la flamme de notre premier amour s'affaiblir,
et que nous nous sommes contentés de l'ombre de la religion alors que Tu nous appelles à marcher dans la plénitude de Ta lumière.

Seigneur Jésus-Christ,
Tu es le même hier, aujourd'hui et éternellement.
Tu es Celui qui baptise du Saint-Esprit et de feu.
Nous crions vers Toi, comme l'Église de Laodicée aurait dû le faire, reconnaissant que sans Ta présence transformante,
nous sommes misérables, pitoyables, pauvres, aveugles et nus.
Viens et dîne avec nous.
Ouvre la porte que nous avons gardée fermée à cause de notre suffisance et de notre orgueil spirituel.

Saint-Esprit,
Tu es la Promesse du Père, Celui qui apporte la conviction, le réconfort et la puissance.
Nous T'invitons à Te mouvoir parmi nous comme Tu l'as fait dans la chambre haute,
comme Tu l'as fait à travers l'Église primitive,
comme Tu l'as fait dans chaque véritable réveil à travers l'histoire.
Sonde nos cœurs et révèle chaque domaine où nous T'avons attristé par nos compromis, notre apathie ou notre rébellion.

Nous confessons :

- Notre dévotion tiède alors que Tu mérites une adoration passionnée
- Nos journées sans prière alors que Tu désires une communion intime
- Nos efforts auto-suffisants alors que Tu offres une puissance surnaturelle
- Notre attention dispersée alors que Tu nous appelles à chercher d'abord Ton royaume
- Notre confort dans le statu quo alors que Tu désires une transformation
- Notre crainte des hommes alors que nous devrions Te craindre Toi seul
- Notre amour pour les systèmes de ce monde alors que Tu nous as appelés à être mis à part

Pardonne-nous, Seigneur,
car nous avons péché contre Toi en pensée, en parole et en action.

Nous avons abandonné notre premier amour et poursuivi d'autres dieux —

les dieux du succès, du confort, de l'approbation et de la sécurité.

Lave-nous dans le sang de Jésus, et crée en nous des cœurs purs qui brûlent d'une sainte passion pour Ta gloire seule.

Nous crions pour un renouveau :

- Renouvelle nos esprits pour que nous puissions penser Tes pensées et voir avec Ta perspective.
- Transforme-nous par Ta Parole jusqu'à ce que notre vision du monde s'aligne parfaitement avec Ta vérité.
- Renouvelle nos cœurs pour que nous aimions ce que Tu aimes et haïssions ce que Tu hais.
- Donne-nous des cœurs de chair, tendres envers Toi et brisés pour les perdus.
- Renouvelle nos esprits pour que nous marchions selon Ton Esprit,

sensibles à Ta voix,
- et prompts à obéir à Tes directives.
- Renouvelle nos églises pour qu'elles deviennent des maisons de prière pour toutes les nations,
- des centres d'adoration transformatrice, et des tremplins pour l'avancement de Ton royaume.
- Renouvelle nos familles pour que nos foyers deviennent des sanctuaires où Ta présence demeure,
- et des lieux de formation où la prochaine génération apprend à marcher avec Toi.
- Renouvelle nos communautés pour que Ta lumière brille à travers nous dans les ténèbres,
- apportant l'espérance aux désespérés et le salut aux perdus.

Père, nous Te demandons :

- Un esprit de prière et de supplication,
- qui nous pousse à fléchir les genoux dans une profonde soif de Ta présence et de Ta puissance.
- Que nos églises deviennent des maisons de prière où l'intercession coule comme un fleuve
- et où l'adoration monte comme un encens.
- Une faim pour Ta Parole qui dépasse notre désir du pain quotidien.
- Donne-nous des cœurs qui désirent ardemment le lait pur et la nourriture solide des Écritures,
- et des esprits qui méditent sur Ta vérité jour et nuit.
- L'unité dans le Corps de Christ,
- qui transcende les frontières dénominationnelles, les divisions raciales et les fossés générationnels.
- Que nous soyons un comme Toi et Jésus êtes un, afin que le monde

croie.
- L'audace d'annoncer l'Évangile avec puissance, accompagnée de signes et de prodiges.
- Ôte de nous l'esprit de peur et de timidité, et revêts-nous du courage divin
- pour proclamer Ta vérité avec amour.
- Une compassion pour les perdus qui brise nos cœurs comme Ton cœur est brisé.
- Donne-nous des yeux pour voir les gens comme Toi Tu les vois :
- des âmes précieuses pour lesquelles Christ est mort, errant dans les ténèbres
- et ayant désespérément besoin de la lumière de l'Évangile.
- La sagesse pour discerner les temps
- et savoir ce que Ton Église doit faire en cette heure critique de l'histoire.
- Aide-nous à être de fidèles intendants des mystères de Dieu
- et des gardiens vigilants de l'Évangile.

Seigneur, nous Te prions spécialement pour :

- **Nos pasteurs et nos leaders** — oins-les à nouveau de Ton Esprit.
- Donne-leur vision, courage et une fidélité inébranlable à Ta vérité.
- Protège-les du découragement, du compromis et des ruses de l'ennemi.
- **Nos jeunes** — saisis leurs cœurs par une vision de Ta gloire
- qui éclipsent les plaisirs éphémères de ce monde.
- Suscite une génération qui ne se prosternera pas devant les idoles de son époque
- mais qui tiendra ferme dans la foi.
- **Nos familles** — guéris les relations brisées, ramène les prodigues,

CHAPITRE 11 : UNE ÉGLISE EN FEU

- et établis des foyers bâtis sur le fondement solide de Ta Parole
- et saturés de Ta présence.
- **Notre nation et les nations** — envoie un réveil qui commence dans Ta maison
- et se répande jusqu'aux extrémités de la terre.
- Que Ton règne vienne et que Ta volonté soit faite sur la terre comme au ciel.

Nous Te remettons tout :

Nos projets et nos rêves, nos ressources et nos capacités, notre réputation et notre confort,

nos vies elles-mêmes — tout T'appartient.

Nous reconnaissons que nous ne nous appartenons pas :

nous avons été rachetés à grand prix.

Utilise-nous comme des vases d'honneur, sanctifiés et utiles entre les mains du Maître.

Viens, Saint-Esprit, avec la puissance de conviction qui mène à la repentance,

avec la grâce qui console et guérit les cœurs brisés,

et avec le feu dévorant qui purifie et équipe Ton Église.

Viens, Seigneur Jésus, manifeste Ta présence parmi nous.

Que Ta gloire remplisse ce lieu comme les eaux recouvrent la mer.

Que Ton nom soit sanctifié, que Ton règne vienne, et que Ta volonté soit faite

dans nos cœurs, dans nos églises et dans notre monde.

Nous faisons cette prière au nom puissant de **Jésus-Christ**,

Lui qui s'est donné en rançon pour beaucoup,

qui est ressuscité pour notre justification,

et qui vit éternellement pour intercéder en faveur des saints.

Amen et Amen.

« Si mon peuple, celui qui est appelé par mon nom, s'humilie, prie, cherche ma face et se détourne de ses mauvaises voies, alors je l'exaucerai des cieux, je lui pardonnerai son péché et je guérirai son pays. » – 2 Chroniques 7 :14

« Ne nous rendras-tu pas à la vie, afin que ton peuple se réjouisse en toi ? » – Psaume 85 :6

Conclusion

Il devient clair que la flamme spirituelle au sein du Corps de Christ n'est pas qu'une simple métaphore : elle est la force vitale même qui soutient, fortifie et transforme l'Église à chaque génération. Cette flamme, allumée par le Saint-Esprit à la Pentecôte, a brûlé à travers les siècles de triomphe et d'épreuve, de persécution et de prospérité, trouvant toujours un chemin pour éclairer les ténèbres et réchauffer les cœurs de ceux qui cherchent Dieu avec une foi authentique.

La question qui a guidé notre cheminement n'est pas de savoir si cette flamme existe — elle brûle éternellement dans le cœur du Tout-Puissant — mais plutôt si nous, en tant que croyants individuels et en tant que Corps collectif du Christ, allons nous positionner pour recevoir sa puissance transformatrice. Allons-nous dégager les débris de la complaisance, les cendres des déceptions passées, et le bois humide du compromis spirituel qui menace d'étouffer le feu même dont nous avons désespérément besoin ?

Tout au long de ce livre, nous avons examiné les symptômes du déclin spirituel qui affligent tant de communautés aujourd'hui : des réunions de prière désertées, une adoration dépourvue de véritable rencontre, des croyants qui connaissent la doctrine mais manquent de dévotion, et des églises qui ont des programmes mais pas de puissance. Pourtant, nous avons également découvert que ces conditions ne sont pas des diagnostics définitifs, mais plutôt des invitations à revenir à la Source de toute vitalité spirituelle.

Le ravivement de la flamme spirituelle exige une réponse à la fois individuelle et collective. Il demande que nous cultivions personnellement l'intimité avec Dieu par la prière, la méditation de Sa Parole et la soumission à Sa volonté. Il nous appelle à jeûner des distractions qui fragmentent notre attention pour nous nourrir plutôt de la présence du Dieu vivant. Il requiert que nous confessons non seulement nos péchés personnels, mais aussi notre tiédeur collective, notre tendance à remplacer la puissance divine par nos efforts humains, et notre acceptation passive de la médiocrité spirituelle.

Mais le réveil personnel, bien qu'essentiel, demeure incomplet sans transformation communautaire. La flamme brille le plus intensément lorsque les croyants se rassemblent avec des cœurs pleins d'attente, unis dans un même but, et affamés de la présence de Dieu. Elle se propage plus rapidement lorsque les églises donnent priorité à la prière plutôt qu'aux programmes, lorsque les dirigeants incarnent une spiritualité authentique plutôt qu'une simple administration, et lorsque le Corps du Christ fonctionne comme un organisme vivant plutôt qu'une organisation formelle.

Les obstacles auxquels nous faisons face sont réels, mais pas insurmontables. Les pressions culturelles, les traditions institutionnelles et les préférences personnelles défieront toujours notre quête d'authenticité spirituelle. Toutefois, l'histoire nous enseigne que Dieu prend plaisir à utiliser des gens ordinaires prêts à payer le prix pour des percées spirituelles extraordinaires. Il l'a déjà fait, et Il le fera encore — mais seulement à travers ceux qui sont prêts à s'abandonner complètement à Ses desseins.

Alors que vous refermez ce livre et retournez à votre quotidien, souvenez-vous que la flamme spirituelle n'est pas quelque chose que vous devez créer — elle existe déjà en vous si vous êtes en Christ. Votre tâche est d'enlever les obstacles qui l'empêchent de briller pleinement

CONCLUSION

et de vous placer là où le vent de l'Esprit peut l'attiser jusqu'à ce qu'elle devienne un feu dévorant. Cela exigera peut-être des changements inconfortables dans votre emploi du temps, vos priorités et vos engagements. Il vous faudra peut-être vous éloigner de certaines relations ou activités qui éteignent l'Esprit, et vous rapprocher de celles qui nourrissent votre passion spirituelle.

L'enjeu ne pourrait être plus élevé. Un monde perdu dans les ténèbres a désespérément besoin de voir la lumière du Christ briller dans Son peuple. Une génération marquée par le désespoir a besoin de témoigner de l'espérance qui naît de la rencontre authentique avec le Dieu vivant. Une société fracturée par les divisions a besoin de voir l'unité qui jaillit de cœurs transformés par un seul et même Esprit.

Le choix qui s'offre à nous est clair : continuer comme si de rien n'était, entretenant des formes religieuses sans puissance spirituelle, ou bien payer le prix d'un véritable réveil dans nos cœurs et nos églises. Nous pouvons rester satisfaits des braises des anciens mouvements de Dieu, ou rechercher le feu nouveau qu'Il désire répandre sur notre génération.

La flamme spirituelle dans le Corps de Christ n'est pas en train de s'éteindre — elle attend d'être ravivée. Elle attend des cœurs assez affamés pour la rechercher, assez humbles pour la recevoir, et assez courageux pour la laisser consumer tout ce qui n'est pas de Dieu. Elle attend des croyants qui cesseront de trouver des excuses et commenceront à faire des sacrifices, qui arrêteront de "jouer à l'église" pour devenir réellement l'Église.

Que Dieu nous trouve parmi ceux qui attisent la flamme au lieu de l'éteindre, qui allument le réveil plutôt que de le freiner, et qui deviennent eux-mêmes la réponse à leurs propres prières pour un réveil spirituel. La flamme est prête. La question demeure : le sommes-nous ?

Le feu de Dieu descend. Qu'il tombe sur nous.

About the Author

Elou Fleurine est un serviteur dévoué de Christ, engagé à ramener l'Église à ses racines bibliques et à favoriser un véritable renouveau spirituel. Il est le Pasteur Principal du **King Jesus Universal Ministry**, sous la couverture apostolique de **l'Apôtre Guillermo Maldonado**. Porté par un cœur brûlant pour le réveil et un amour profond pour le Corps de Christ, ELOU a consacré son ministère à rappeler les croyants à un discipulat authentique et à une foi véritablement transformante.

S'appuyant sur des années de ministère pastoral, d'étude biblique et d'expérience directe face aux défis de l'Église contemporaine, ELOU écrit avec une urgence prophétique alliée à une compassion pastorale. Son ministère est marqué par un engagement à prêcher la Parole de Dieu sans compromis, tout en manifestant l'amour et la grâce qui conduisent les cœurs à la repentance et au renouvellement véritables.

Le parcours d'ELOU dans le ministère a commencé par une rencontre personnelle avec la puissance transformatrice de Dieu, une expérience radicale qui a bouleversé sa vie et éveillé en lui une passion pour voir d'autres expérimenter ce même réveil spirituel. Cette expérience fondatrice continue d'alimenter un ministère caractérisé par l'authenticité, la fidélité biblique et une quête incessante de la présence de Dieu.

Au fil de son service, ELOU a occupé diverses fonctions au sein de l'Église, acquérant ainsi une compréhension précieuse des luttes mais aussi du potentiel qui caractérisent le Corps de Christ aujourd'hui. Qu'il prêche depuis la chaire, qu'il conseille les cœurs brisés ou qu'il intercède pour un réveil, ELOU manifeste constamment un cœur aligné sur le désir de Dieu de voir Son peuple marcher dans la plénitude de son appel. Avec une compréhension approfondie de l'histoire de l'Église et des mouvements de Dieu à travers les âges, ELOU apporte à la fois une perspective historique et une pertinence contemporaine à l'urgence d'un renouveau spirituel en notre temps. Son enseignement et ses écrits dirigent systématiquement les croyants vers la croix de Christ, source de transformation véritable et fondement indispensable à tout réveil authentique.

Dans « *Raviver la Flamme Spirituelle dans le Corps de Christ* », ELOU allie profondeur théologique et application pratique, rigueur biblique et sensibilité pastorale. Ce livre est le fruit de nombreuses années de prière, d'étude et d'expérience ministérielle, offrant aux lecteurs bien plus qu'un simple savoir intellectuel : un véritable itinéraire vers la transformation spirituelle.

La vie personnelle d'ELOU reflète le même engagement envers l'authenticité et la profondeur spirituelle qui caractérisent son ministère public. Ayant connu à la fois les sommets du réveil et les vallées du combat spirituel, ELOU écrit avec une compréhension réelle et une sagesse forgée dans l'épreuve.

Son ministère s'étend bien au-delà de l'écriture : prédication, enseignement, mentorat de jeunes ministres, intercession pour le réveil de l'Église. ELOU porte en particulier un fardeau pour la nouvelle génération de croyants, conscient que l'avenir de l'Église repose sur des disciples refusant de compromettre la vérité de l'Évangile au nom de l'acceptation culturelle.

Par-dessus tout, **Elou Fleurine** est reconnu comme un homme habité par le fardeau d'un réveil authentique dans l'Église. Il ne s'agit pas seulement d'un concept théologique ou d'une orientation ministérielle, mais d'une passion dévorante qui façonne chaque aspect de sa vie et de son service. ELOU croit profondément que Dieu désire répandre Son

Esprit de manière inédite dans notre génération, et que l'Église doit se préparer à cela par la repentance, la prière et un engagement renouvelé envers la vérité biblique.

Alors que l'Église est confrontée à des défis sans précédent dans une culture de plus en plus séculière et hostile, ELOU continue de lancer l'appel à un retour à notre premier amour, à la redécouverte de la puissance transformatrice du christianisme authentique. À travers ses écrits, sa prédication et son ministère, ELOU reste résolument engagé à voir la flamme spirituelle ravivée dans les cœurs individuels et les assemblées jusqu'à ce que l'Église redevienne la voix prophétique et puissante que Dieu a toujours voulue.

«Raviver la Flamme Spirituelle dans le Corps de Christ» n'est pas simplement l'expression des convictions théologiques d'ELOU, mais le cri d'un cœur qui refuse de se satisfaire de moins que la plénitude des desseins de Dieu pour Son peuple. C'est la prière de l'auteur que ce livre serve de catalyseur pour un renouveau spirituel profond, capable de transformer non seulement des vies individuelles, mais aussi des communautés entières, des nations — et, ultimement, le monde.

www.ingramcontent.com/pod-product-compliance
Lightning Source LLC
Chambersburg PA
CBHW050653160426
43194CB00010B/1927